AF454181

La Comunicación En El Lugar De Trabajo

Todo Lo Que Necesita Saber Sobre Estrategias De Comunicación Eficaz En El Trabajo Para Ser Un Mejor Líder

CATALINA ZAPATA

Copyright 2019 © Catalina Zapata

Todos los derechos Reservados

Aviso de Legalidad

El siguiente documento es reproducido a continuación con el objetivo de proporcionar información que sea lo más precisa y fiable posible.

Esta declaración es considerada justa y válida tanto por la American Bar Association como por la Asociación del Comité de Editores y es legalmente vinculante en todo Estados Unidos.

Además, la transmisión, duplicación o reproducción de cualquiera de los siguientes trabajos, incluida información específica, se considerará un acto ilegal, independientemente de si se realiza electrónicamente o en impresión. Esto se extiende a la creación de una copia secundaria o terciaria de la obra o una copia grabada y sólo se permite con un consentimiento expreso por escrito del Editor. Todo derecho adicional reservado.

La información en las páginas siguientes es ampliamente considerada un relato veraz y preciso de los hechos, y como tal cualquier falta de atención, uso o mal uso de la información en cuestión por el lector hará que cualquier acción resultante sea únicamente bajo su competencia. No hay escenarios en los que el editor o el autor original de esta obra puedan ser considerados responsables de las dificultades o daños que puedan surgir después de emprender la información aquí descrita.

Además, la información de las páginas siguientes está destinada únicamente a fines informativos y, por lo tanto, debe considerarse universal. Como corresponde a su naturaleza, se presenta sin garantía sobre su validez prolongada o calidad provisional. Las marcas que se mencionan se realizan sin consentimiento por escrito y de ninguna manera pueden considerarse una aprobación del titular de la marca.

Índice

Introducción

La comunicación es el núcleo de toda relación humana. Todos nos comunicamos de una forma u otra, todos los días. La comunicación en el lugar de trabajo puede ser especialmente difícil. La forma en que se comunica con otras personas en su lugar de trabajo o en su negocio, puede afectar la forma en que los demás le perciben y así relacionarse con usted. Aprender a comunicarse eficazmente no se trata solo de resolver conflictos en el lugar de trabajo. La comunicación eficaz también juega un gran factor que contribuye a sus relaciones con los clientes, la rentabilidad de la empresa, la participación y retención de los empleados y la eficacia con la que un equipo puede funcionar junto.

La comunicación eficaz es una habilidad que cada uno de nosotros tiene el poder de dominar. Como empleado, usted debe hacer un esfuerzo para aprender cómo comunicarse eficazmente, no sólo para el beneficio de los demás, sino también para usted. En este libro aprenderá estrategias comprobadas sobre cómo comunicarse eficazmente con sus compañeros de trabajo o empleados y poder expresar su mensaje sin ninguna confusión o frustración. Las empresas exitosas se basan en relaciones de trabajo saludables y una comunicación eficaz. Como empleado o propietario de un negocio, usted tiene el poder de contribuir al éxito del negocio perfeccionando sus habilidades de comunicación (Bosworth, 2019). Su propio estilo de comunicación personal tiene una influencia en otras personas y se puede utilizar para crear relaciones comerciales prósperas. La comunicación eficaz en el lugar de trabajo no se trata sólo de ser capaz de expresar con precisión sus ideas o de hacer ver su punto, es mucho más que eso. También va mucho más allá de resolver conflictos o crear un entorno de equipo positivo. Ser capaz de comunicarse eficazmente en el lugar de trabajo es esencial para las relaciones con los clientes, la cultura de la empresa, su proceso de ventas, la construcción de un mejor entorno de equipo y la participación de los empleados. Construir una estrategia de comunicación eficaz dentro del lugar de trabajo promueve la innovación, elimina las barreras culturales, ayuda a mitigar los conflictos y crea transparencia, lo que ayuda a promover la inclusividad.

¿Pero por qué debería escuchar lo que tengo que decir sobre el dominio de la comunicación eficaz en el lugar de trabajo?

Hola, mi nombre es Catalina Zapata y soy una consultora profesional de administración y comunicaciones. A lo largo de los años, he ayudado a muchos ejecutivos y organizaciones a lograr un mayor impacto enseñándoles cómo enfocarse en las necesidades de sus empleados a través de la comprensión de sus canales de comunicación. Además de esto, también doy conferencias y seminarios en todo el mundo a organizaciones globales que se centran en la creación de soluciones para problemas de comunicación dentro de los entornos de equipo. Me complace mucho ayudar a transformar las organizaciones utilizando los principios que he descrito en este libro.

La falta de comunicación eficaz en el lugar de trabajo puede causar muchos problemas diferentes. Alguien podría equivocarse en un proyecto de un cliente importante debido a una comunicación errónea. Los miembros del equipo pueden tener conflictos debido a una comunicación ineficaz o puede ser que los empleados no entiendan completamente la cultura de la empresa. Cuando puede comunicarse eficazmente con los miembros y compañeros de trabajo de su equipo, todos estos problemas se pueden evitar.

Hay un común denominador que veo cuando trabajo con organizaciones, sin importar el tamaño o tipo de industria. La fuerza de trabajo de la empresa es muy competente y trabajadora, sin embargo, a menudo tienen malos hábitos de comunicación omnipresentes que desembocan en drama, ira, desconfianza y baja moral. Esto puede suceder dentro de ese equipo individual y transferirse a otros departamentos. Mi objetivo en este libro es compartir mis vastos conocimientos sobre cómo superar los problemas de personalidad y comunicación para que usted (como empleado o empleador) pueda trabajar para crear un ambiente de trabajo más cómodo y productivo. Mis clientes regularmente me elogian por cambiar positivamente sus procesos de trabajo y ayudarles a crear conexiones que sean auténticas, energizantes y gratificantes tanto con sus colegas como con sus clientes a través de conversaciones hábiles.

El propósito de este libro es mostrarle cómo mejorar sus relaciones laborales mediante el uso de estrategias de comunicación eficaz. Esto se puede hacer fácilmente aprendiendo el idioma de apreciación de sus compañeros de trabajo. Al delimitar exactamente cómo comunicar de manera efectiva mensajes auténticos de agradecimiento y aliento a los empleados, compañeros de trabajo y jefes; este libro le proporcionará las herramientas para crear un lugar de trabajo más positivo, mejorar la moral del personal y aumentar el compromiso de los empleados. Muchos problemas dentro del lugar de trabajo se derivan de la cuestión de cómo hacer que la gente se sienta apreciada. Esta guía completa para la comunicación interpersonal le proporcionará las herramientas para hacer justo eso, creando un mejor entorno para la producción, relaciones prósperas con los clientes, alto compromiso de los empleados y desarrollo continuo del equipo.

Aquí hay un pequeño adelanto de las estrategias de comunicación para el lugar de trabajo que he incluido en este libro:

- La psicología detrás de ser capaz de comunicarse eficazmente en el trabajo.

- Cómo convertirse en un mejor oyente en el lugar de trabajo.

- Los obstáculos a una comunicación eficaz en el lugar de trabajo y cómo superarlos.

- Aclarar sus valores, encontrar su voz y establecer metas eficaces.

- Cómo dar y recibir correctamente las críticas.

- La importancia de la positividad en el lugar de trabajo.

- Errores comunes de comunicación y cómo evitarlos.

- Cómo tratar con personas o jefes difíciles.

- Convertirse en un experto de hablar en público.

- Manejo de conversaciones difíciles y pérdidas de tiempo.

- Hacer preguntas que generen resultados.

- Comunicación eficaz utilizando el lenguaje corporal, habilidades verbales y no verbales.

Podría tratar de encajar todo esto usted mismo mediante la lectura de sitios web y otros libros que sólo le dan retazos y piezas. Sin embargo, ¿realmente tienes tiempo para todo eso? Este es el libro más completo que encontrará sin dejar de ser el que le dará las herramientas exactas que necesita para crear un entorno de trabajo próspero donde todos se aprecian y realmente se entienden unos a otros.

No espere a que la falta de comunicación paralice sus relaciones con los clientes o cree malentendidos que ensucien su proceso de ventas. Ya sea que trabaje en un cubículo, una fábrica o dentro de un equipo virtual, aprender estrategias de comunicación eficaz hará una enorme diferencia en su vida profesional. Si desea crear procesos nítidos de comunicación en el lugar de trabajo, ¡siga leyendo!

Capítulo Uno:
El Increíble Poder de la Comunicación Eficaz en el Lugar de Trabajo

A menudo en el lugar de trabajo, enviamos correos electrónicos rápidos y notas con el fin de comunicar información (a veces muy vital). Sin embargo, esto tiene una desventaja importante. Los mensajes se pueden malinterpretar o malentender, lo que provoca una ruptura en los procesos de comunicación. El uso exclusivo de la tecnología, como correos electrónicos o mensajería instantánea, al comunicarse dentro del lugar de trabajo elimina la información esencial que se puede obtener mediante el uso del lenguaje corporal y el tono de voz.

¿Qué es la Comunicación Eficaz en el Lugar de Trabajo?

Ser capaz de comunicarse eficazmente dentro del lugar de trabajo se lleva a cabo a través de una serie de procesos verbales y no verbales para promover las relaciones profesionales. Con el fin de promover una comunicación eficaz dentro del lugar de trabajo, primero debe buscar e identificar las posibles barreras antes de continuar.

Existen muchas, muchas barreras para una comunicación eficaz en el lugar de trabajo. Algunas de las más comunes incluyen interrumpir a otros o interrupciones de otros, desatención al escuchar, no leer adecuadamente el lenguaje corporal y otras señales no verbales, diferencias de género (sí, hombres y mujeres se comunican de manera diferente), no obtener todo el mensaje o sacar conclusiones precipitadas y reacciones inapropiadas con otros (tanto verbal como no verbalmente) (Effectivecommunicationadvice.com, 2019). Para ser un comunicador más eficaz en el lugar de trabajo, hay varias cosas que puede hacer:

- Asegúrese de que su lenguaje corporal coincida con lo que está diciendo.

- Ser consciente de las diferencias de género en los estilos de comunicación y cómo manejarlos eficazmente.

- Tener una comprensión de las diferencias culturales y cómo trabajar con diferentes tipos de personas.

- No depender tanto de la tecnología y comunicarse en persona.

- Ser capaz de dar y recibir críticas constructivas

- Mantener las emociones fuera de la ecuación.

Trabajar para crear una comunicación eficaz dentro del lugar de trabajo, crea positividad y un ambiente agradable para usted y los que le rodean. Esto también puede ayudar a disminuir el estrés en el lugar de trabajo, aumentando al mismo tiempo la productividad y la moral general de los empleados.

La Psicología detrás de la Comunicación Eficaz en el Lugar de Trabajo

El cerebro reacciona a cualquier estímulo que encuentra (Chadwick, 2014). Cuando experimenta estrés, miedo, ansiedad, felicidad, satisfacción y alegría, su cerebro toma esas emociones y las procesa a través de reacciones del sistema límbico (Moawad, 2017). Cuando nuestros cerebros experimentan una emoción negativa como el estrés, tiene un efecto negativo en nuestro cerebro y nuestro bienestar emocional. Su enfoque disminuye, su capacidad de concentración se inhibe y sus habilidades cognitivas generales se reducen. Esto puede tener muchos efectos secundarios en el lugar de trabajo. Si no puede enfocarse, puede malinterpretar una orden o cometer un simple error que podría afectar drásticamente algunas otras áreas del trabajo.

Las emociones positivas tienen el efecto opuesto en el cerebro. Cuando usted está experimentando emociones positivas y positividad en el lugar de trabajo, es más probable que sea capaz de concentrarse mejor y será capaz de mejorar su rendimiento en tareas que son cognitivamente exigentes, como el pensamiento creativo, la flexibilidad cognitiva y un procesamiento más rápido de la información.

Cuando se le grita a un empleado o está demasiado estresado por algo, esto los pone en modo lucha, huida o parálisis. El cerebro no puede procesar si una amenaza es real o se percibe. Esto es debido a la producción de cortisol, también conocido como la hormona del estrés. Cuando se experimenta estrés, no importa si es real o percibido, se produce cortisol. Así que si su jefe le está gritando o está enloqueciendo por un error, el cerebro de usted procesa esto de la misma manera que si estuviera siendo perseguido por un tigre. Esto desencadena respuestas fisiológicas que drenan energía de la corteza prefrontal, la que nos ayuda a pensar lógica y racionalmente. Por lo tanto, si su corteza prefrontal no es capaz de procesar las cosas correctamente, hace que sea muy difícil ser productivo en el trabajo.

Por Qué es Necesaria la Comunicación Eficaz en el Trabajo

Hay muchas razones para abogar por una comunicación sana y positiva en el lugar de trabajo. Estas son algunas de las razones principales para promover una comunicación eficaz en el trabajo (Richason, 2017):

- Crea un ambiente de trabajo saludable.

- Ayuda a eliminar las barreras culturales.

- Aumenta las ganancias finales.

- Mitiga los conflictos.

- Aumenta la participación de los empleados.

- Fomenta un sentido de trabajo en equipo.

- Promueve la innovación.

- Aumenta el servicio al cliente y su satisfacción.

- Aumenta la retención de los empleados.

- Proporciona transparencia dentro de la organización.

- Incrementa la productividad de los empleados.

Con todos estos beneficios, no sorprende que la comunicación en el lugar de trabajo sea un tema importante.

¿Qué es Comunicación Interna y Externa?

Hay dos categorías básicas de comunicación; interna y externa (Webb, 2017). La comunicación interna se centra en la comunicación entre el empleado y la empresa, mientras que la comunicación externa se centra en la comunicación exterior con clientes, consumidores, proveedores o contratistas.

Cada uno de estos diferentes tipos de comunicación se maneja de manera diferente. Las comunicaciones internas se utilizan para informar, motivar y/o proporcionar comentarios a los empleados. Las diversas formas de comunicación interna pueden incluir correos electrónicos internos, notas, llamadas telefónicas, reuniones presenciales y mensajes instantáneos. Lo que expresa y cómo se comunica con los empleados internos es generalmente diferente que cuando se comunica con alguien externo a la empresa.

Las comunicaciones externas generalmente se llevan a cabo con clientes y otros "empleados" que son externos a la empresa como proveedores o contratistas. Si bien las comunicaciones externas pueden incluir muchos de los mismos tipos de comunicaciones que las internas, hay algunas diferencias. El sitio web de su empresa, las redes sociales, el boletín de noticias por correo electrónico, la publicidad, etc. son formas diferentes de comunicarse externamente. Cuando sus empleados se comunican por teléfono, correo electrónico, texto o mensajería instantánea con sus clientes, se trata de una comunicación externa.

Aunque cada uno de estos tipos de comunicación es diferente, los principios elementales detrás de la comunicación eficaz pueden ser utilizados para ambas, tanto interna como externa.

Las Barreras que Impiden la Comunicación Eficaz en el Trabajo

Hay una amplia variedad de factores que pueden inhibir la comunicación eficaz en el lugar de trabajo: género, barreras culturales, tono y lenguaje corporal, su cerebro siendo regido por emociones, ruido externo, y mucho más (Zambas, 2019).

Primero, hablemos de género. Este es un factor muy grande y la gente podría no darse cuenta del todo que es una barrera para la comunicación eficaz, particularmente en el lugar de trabajo. En términos generales, cuando una mujer se encuentra con un problema, necesita hablarlo para ayudarle a procesar el problema y llegar a su propia solución. No es ella tratando de quejarse, sino más bien resolver el problema mientras habla en voz alta sobre él. Ella no está necesariamente buscando una solución al problema a través de una fuente externa, sino más bien usando lo que ya tiene para encontrar una solución. Los hombres generalmente piensan lógicamente y si necesitan resolver un problema a menudo se aíslan mientras procesan el problema en cuestión. Esto puede crear barreras de comunicación en el lugar de trabajo, simplemente debido a diferentes géneros conversando entre sí.

En su mayoría, los hombres son solucionadores de problemas. Si una mujer viene a ellos para discutir un problema, tenderá a buscar una solución y ofrecerla. Generalmente, si una mujer acude a otra para discutir un problema, puede hacerle preguntas abiertas a su colega que le ayudarán a encontrar la solución por su cuenta. Si una mujer necesita colaborar con un hombre en algo, debe darle instrucciones explícitas sobre lo que hay que hacer y lo que ella espera.

Los hombres y las mujeres también se comunican de manera diferente con su lenguaje corporal. Pueden hacer los mismos gestos, pero significarán dos cosas completamente diferentes. Un movimiento de cabeza, por ejemplo. Cuando una mujer asiente con la cabeza lo hace como una señal de que está escuchando; cuando un hombre lo hace, lo hace como una señal de acuerdo (Jenkins, 2018). Así que usted puede ver cómo algo tan simple como un movimiento de cabeza puede causar una mala comunicación entre colegas.

Las barreras culturales también pueden causar una falta de comunicación eficaz en el lugar de trabajo. Las barreras de comunicación cultural pueden estar presentes cuando se trabaja con colegas para los que el inglés es su segundo idioma o el uso de ciertos gestos (Gottfried, 2018); como estrechar la mano o inclinarse (Dabbah, 2018). Una cultura podría usar apretones de manos para saludarse unos a otros, otra cultura usará una inclinación, lo que puede causar rápidamente una comunicación errónea. Las comunicaciones erróneas culturales pueden ser internas o externas. Por ejemplo, si una empresa fabrica y vende productos o servicios orientados a una cultura específica pero no la entienden completamente, es posible que su mensaje no sea recibido según lo previsto.

El tono y el lenguaje corporal también pueden ser barreras muy grandes para una comunicación eficaz en el lugar de trabajo. Las palabras reales que dices en una conversación sólo representan alrededor del 7% de tu comunicación general. Esto deja mucho espacio para la mala comunicación del lenguaje corporal y el tono general. Tener los brazos cruzados mientras estás en una conversación con alguien muestra que estás siendo cerrado, mientras que tener los brazos relajados a tus lados (o hablar con las manos) muestra que estás abierto a la conversación y estás recibiendo la información. Si usted está sentado y hablando con alguien, inclinarse hacia ellos con su cuerpo y los pies frente a ellos muestra que está involucrado en la conversación. Si, por otro lado, usted está inclinado hacia atrás en su silla con el cuerpo girado o los pies mirando hacia la puerta, entonces esto muestra que no está involucrado en la conversación e incluso puede indicar que desea levantarse e irse.

El ruido interno y externo también pueden ser barreras muy grandes para una comunicación eficaz. El ruido externo puede incluir trabajar en una fábrica muy ruidosa; podría ser muy difícil hablar eficazmente con alguien y que puedan escuchar y entender completamente todo lo que está diciéndoles debido a los ruidos ambientales. El ruido interno podría ser tratar de escuchar en una reunión, pero en su lugar, estar pensando en la discusión que tuvo con su pareja anteriormente.

Hemos hablado previamente sobre la psicología de la comunicación eficaz en el lugar de trabajo y cómo su cerebro juega un papel en que tan bien que puede comunicarse con sus colegas. Si está experimentando algún tipo de estrés interno o externo, sus respuestas fisiológicas van a apropiarse de su cerebro y hacer que entre en modo de reacción de lucha, huida o parálisis.

La Importancia de una Mentalidad Positiva en el Trabajo

La importancia de la positividad en el lugar de trabajo no puede ser lo suficientemente subrayada. La positividad ha estado ligada a todos los aspectos del éxito dentro del lugar de trabajo, como la ganancia, la productividad y la satisfacción. Todos en el lugar de trabajo pueden beneficiarse de la positividad, tanto el empleador como los empleados.

Los empleadores buscan resultados y que los empleados puedan generar más ganancias. La positividad en el lugar de trabajo aumenta la productividad, aumentando así los beneficios globales. Algunas de las empresas más grandes y rentables del mundo han descubierto que si mantienen a sus empleados felices, comprometidos y positivos, sus resultados aumentan. Hay un razonamiento simple detrás de esta correlación. Empleados más felices se traduce en clientes más felices. Los clientes más felices tienden a comprar más y tienen una mayor lealtad a la empresa y se convierten en clientes frecuentes y recomiendan la empresa con amigos y familiares.

Un entorno positivo también conduce a una mayor retención de los buenos empleados de una empresa. La razón número uno por la que las personas dejan un puesto o un lugar de trabajo es que de alguna manera es negativo. Podría ser un ambiente de trabajo tóxico o cáustico, de alguna manera negativo. Realmente no importa el salario; si el entorno de trabajo es negativo, no querrán trabajar allí. La retención de empleados se ve muy afectada por lo positivo o negativo que es el entorno de trabajo.

Hay dos aspectos de la positividad en el lugar de trabajo; evaluación y creación. Si usted es un líder o gerente de algún tipo dentro de su lugar de trabajo, es probable que en algún momento tenga que evaluar el desempeño de sus empleados o equipo. Si bien podría ser fácil señalar los aspectos a mejorar, quizá generaría un tono negativo. Cuando los empleados sienten que nunca pueden complacer a su empleador, será un golpe a su moral. Solo beneficiará a su equipo si le proporciona una evaluación positiva. Hágales saber que están haciendo un buen trabajo del cual está orgulloso, así como de su compromiso con esa tarea. Por supuesto, hay algunos aspectos que podrían mejorar, pero ese no es el enfoque aquí. El enfoque del proceso de evaluación es proporcionar a sus empleados comentarios positivos. ¡Deja fuera el "pero!" No evalúe a sus empleados como, "Lo están haciendo bien, pero..." Esto sólo va a arruinar todas las cosas buenas que acaba de decir.

Si bien la evaluación positiva hará que su equipo se sienta muy bien consigo mismo, usted no se detendrá allí. Como gerente o líder, dé su evaluación, haga una pausa y deje que sus empleados se deleiten con la energía positiva que acaba de crear y, a continuación, siga adelante. Si bien su equipo podría estar bien, es probable que haya algún área de mejora en la que podrían centrarse. Cuando un equipo se centra en las cosas en las que no están sobresaliendo, crea ansiedad. Sin embargo, cuando imaginas que lo que tienes va a ser mejor de lo que ya es, crea mucha energía positiva y esperanza dentro del equipo. Hay un delicado equilibrio entre dar una evaluación positiva y avanzar para crear algo aún mejor. Cuando se esté comunicando con sus empleados, comience con una evaluación positiva, pase a la creación de algo mejor y siempre termine con una nota positiva de aliento.

¿De qué manera el tener un ambiente de trabajo positivo beneficia al empleado? A menos que esté completamente jubilado, usted es un empleado o un trabajador por cuenta propia (y podría emplear a otras personas). Si es un empleado, el beneficio más obvio de un ambiente de trabajo positivo es que usted, como empleado, llegue a ser feliz. Quiero decir, ¿cuál es realmente nuestro objetivo compartido más común en la vida? ¡Ser feliz! Cuando miras las metas de la gente, realmente no importa cuál sea: ser su propio jefe, ganar más dinero, viajar por el mundo. Todo esto conduce a la felicidad y la experiencia de la misma. Cuando estás en un ambiente de trabajo positivo, vas a ser más feliz.

Otros beneficios de la positividad en el lugar de trabajo para los empleados son el aumento de la satisfacción laboral, la retención de los empleados, la productividad, (que también puede conducir potencialmente a nuevas oportunidades) y aumentos en el salario o ingreso. Es posible que se sorprenda realmente al ver cómo un aumento en su propia positividad, como empleado, puede conducir a oportunidades dentro y fuera de la organización. Cuando los gerentes y directores de una organización siguen viendo positividad y altos niveles de producción de los empleados, quieren mantenerlos cerca y quieren recompensarlos. Incluso podría recibir oportunidades que ni siquiera se dio cuenta de que tenía a su alcance.

Verá, hay un pequeño secreto sobre la positividad que voy a compartir con usted. ¡Es contagiosa! Cuando es positivo dentro de un área de su vida, se trasladará a otras áreas, como a su vida amorosa, a su vida paternal, a su finanzas, etc.

El Poder Transformativo de la Buena Comunicación en el Trabajo

Existe un verdadero poder al aprender a comunicarse eficazmente en el lugar de trabajo. Una comunicación eficaz puede mitigar los conflictos, aumentar la participación de los empleados y crear mejores relaciones con los clientes, al mismo tiempo que resulta en una fuerza de trabajo más productiva y talentosa.

El conflicto dentro del lugar de trabajo proviene de malentendidos o sentimientos incomprendidos, la falta de comprensión para comunicarse con los demás de manera efectiva o cuando alguien siente que se le falta al respeto o sus necesidades emocionales no están siendo satisfechas. Cuando aprende e implementa estrategias de comunicación eficaz, se evitan malentendidos, es capaz de comunicarte eficazmente con los demás y sus colegas sentirán que son respetados y que sus necesidades emocionales están siendo satisfechas.

Los empleados se involucran más en el lugar de trabajo utilizando una buena comunicación a través de la conexión con las personas (Page, 2019). Cuando los empleados entienden lo que se les pide, son capaces de alinearse con los objetivos y metas de la empresa mientras establecen una buena comunicación con los miembros de su equipo. Hay varias áreas en las que la comunicación eficaz puede ayudar a mejorar la participación general de los empleados. Como empleador, le da las herramientas para entender completamente las metas y necesidades de sus empleados. Le proporciona la información necesaria para comprender los objetivos y necesidades de sus empleados. Le brinda una mejor conexión y comprensión con las habilidades y talentos de sus empleados que de otro modo no habría notado. También le dará la capacidad de fomentar esos talentos mientras es coherente con los objetivos y valores de la empresa. La comunicación eficaz también puede mejorar su conexión con compañeros de trabajo y colegas para crear un entorno de trabajo más satisfactorio y positivo, así como construir una mejor relación con jefes y gerentes dentro de la organización.

Tener una comunicación eficaz en el lugar de trabajo también crea una mejor relación con clientes y consumidores. Las relaciones con clientes y consumidores son el núcleo de todas las organizaciones. Los empleados orientados al cliente pueden hacer o quebrar una organización y ser la diferencia entre un cliente satisfecho o descontento. Cuando los empleados entienden cómo comunicarse eficazmente con los clientes, les ayuda a entender las necesidades del cliente y ayudarlo a sentirse comprendido. También permite al personal resolver y mitigar cualquier conflicto que pueda tener el cliente. Una comunicación eficaz también puede ayudarle al empleado a presentar información al cliente de una nueva manera que ayudará este último a ser más receptivo.

Además, el lugar de trabajo será más productivo y aumentará su talento cuando tenga estrategias de comunicación eficaz. Cuando los empleados se comprometen con el trabajo son más productivos. Cuando los empleados son productivos y están comprometidos, le ayuda al equipo líder a entender los talentos y habilidades de sus empleados. Los empleados también se vuelven más comprometidos con su lugar de trabajo y las organizaciones pueden esperar un mayor nivel de entrada de sus empleados. Los lugares de trabajo que se centran en la comunicación eficaz ayudan a fomentar la innovación y el pensamiento creativo a medida que los empleados se sienten seguros de expresar sus ideas a sus superiores. Esto también ayuda a los empleados a tomar posesión de sus proyectos y desafíos, a la vez que fomenta una lluvia de ideas creativa. Los líderes entonces notarán y utilizarán estos nuevos procesos creativos de lluvia de ideas y la innovación para construir equipos más estratégicos basados en las fortalezas de los empleados.

Al solicitar empleo, las habilidades de comunicación eficaz pueden ayudar a diferenciar a las personas de otros solicitantes. La comunicación ineficaz en el lugar de trabajo en última instancia conducirá a empleados desmotivados a cuestionar su capacidad y confianza dentro de la organización. Cuando hay una comunicación consistente y eficaz en el lugar de trabajo, la empresa está equipada para el crecimiento. Hacer crecer una empresa requiere comunicación interna y externa. La empresa debe asegurarse de que están entregando un mensaje coherente externamente a sus clientes y consumidores.

Hay varias maneras de mejorar la comunicación dentro de su organización para asegurarse de que los empleados y la organización están alcanzando todo su potencial. Debe establecer metas y expectativas definidas más claras. El equipo de liderazgo debe asegurarse de que los objetivos y expectativas para sus empleados sean claras y alcanzables. También deben asegurarse de que todos sus empleados conozcan y comprendan los objetivos del proyecto, así como el departamento y la organización en su conjunto. Cualquiera que sea el mensaje que se está entregando, debe ser claro y su audiencia prevista debe ser fácilmente capaz de entenderlo. Al hablar con su audiencia objetivo, siempre debe recordar hablar cortés y claramente para que su mensaje se entregue sin ofensa o confusión.

También debe considerar qué medio está eligiendo para entregar su mensaje. Si bien, con frecuencia se prefiere la comunicación cara a cara, no siempre es posible. Esto puede ser particularmente cierto para los equipos virtuales.

Cuando tenga que enviar un mensaje impreso o virtual, léalo en voz alta para asegurarse de que se presenta como lo está intentando. En un entorno profesional, debe evitar el uso de *emojis* o texto demasiado expresivo y escribir en una fuente y tono neutrales.

Lo mejor es mantener a todos involucrados en el proceso y los proyectos mediante el uso de actualizaciones frecuentes e informes de progreso. Esto, de nuevo, es especialmente importante cuando se trabaja con un equipo remoto. Mantener a todos involucrados y las líneas de comunicación abiertas ayudará a garantizar que todos estén en la misma página, reduciendo al mismo tiempo las posibilidades de que se produzcan comunicaciones erróneas. Escuchar es tan importante (si no es que más importante) en el lugar de trabajo como hablar. Cuando estés en una conversación con alguien, comprométete a escuchar y muestra empatía. Comunicarse con alguien es un camino de dos vías. La empresa y el empleado prosperarán cuando se fomente el diálogo y se muestre respeto.

Mientras que una buena comunicación puede ser fácil e incluso natural para algunos, puede ser difícil para otros expresar con precisión cómo se sienten o el mensaje que están tratando de transmitir. La falta de comunicación eficaz puede dar lugar a conflictos y errores fundamentales que, en última instancia, podrían evitarse si quienes se comunican solo entendieran el mensaje. Del mismo modo que puede experimentar comunicaciones erróneas fuera del trabajo, pueden ocurrir con la misma facilidad dentro este. Se ha demostrado que el 70% de los errores en las empresas se deben a la falta de comunicación eficaz (Allan, 2019).

La eficiencia también aumenta en el lugar de trabajo cuando los empleados practican una buena comunicación. Cuando se produce una mala comunicación, la eficiencia se ve comprometida además de la calidad del trabajo. Por otro lado, cuando las instrucciones son claras y concisas, se elimina cualquier necesidad de aclarar o corregir cualquier problema que surja. Si usted resulta ser un comunicador eficaz, pero los que le rodean no lo son, asegúrese de que está haciendo las preguntas correctas para obtener las respuestas y aclaraciones que necesita para proceder sin confusión.

Cuando hay una buena comunicación en el lugar de trabajo, la lealtad de los empleados aumenta. Los empleados se sienten cómodos discutiendo los problemas que podrían surgir y se sienten libres de expresar sus ideas con sus superiores.

Esto ayuda a generar confianza y lealtad entre los miembros del equipo y el equipo administrativo. Esto también elimina la necesidad de gestionar a los empleados, e implementar una microgestión que les da más autonomía dentro de sus funciones.

Resumen del Capítulo

La tecnología puede inhibir en gran medida la comunicación eficaz dentro del lugar de trabajo. Enviamos correos electrónicos rápidos y notas pensando que nuestro mensaje llegará íntegro o será eficazmente comunicado, pero esto no siempre es cierto. La tecnología por sí sola no puede expresar cómo nos sentimos y carece de señales no verbales, lo que puede conducir a malentendidos y malas interpretaciones del mensaje que estaba tratando de enviar.

Antes de que pueda comunicarse eficazmente en el lugar de trabajo, primero debe identificar y ser capaz de superar cualquier barrera potencial. Esto puede incluir sesgos de género, estereotipos y barreras culturales para comunicarse eficazmente con sus colegas y/o empleados. Estas son algunas de las barreras más comunes a la comunicación en el lugar de trabajo:

- Diferencias de género

- Desatención al escuchar

- Una mala comunicación a través del lenguaje corporal

- No comprender el mensaje completo o sacar conclusiones precipitadas

- Reacciones inapropiadas verbales y no verbales

- Una perspectiva negativa

Debe entender que cuando se trata de estrés en el lugar de trabajo o en cualquier otra área de la vida, nuestros cerebros no pueden percibir si una amenaza es real o percibida. Por lo tanto, su cerebro no es capaz de determinar si el estrés que está experimentando es real o no.

Hay muchas razones por las que necesita una comunicación eficaz en el lugar de trabajo, como aumentar los beneficios finales y proporcionar transparencia dentro de la organización. Puede asegurarse de que está promoviendo una comunicación eficaz en el lugar de trabajo tanto interna como externamente a través del reconocimiento y la eliminación de las barreras de género y culturales, siendo consciente de la comunicación verbal y no verbal y minimizando el ruido.

La comunicación positiva en el lugar de trabajo también es muy importante. Cuanto más positivo sea el empleado, más productivo será, lo que conduce a mayores beneficios. Los líderes siempre deben asegurarse de que están proporcionando a su fuerza de trabajo con retroalimentación positiva.

Existe un verdadero poder al dominar la comunicación eficaz en el lugar de trabajo. Ayuda a detener conflictos, aumentar la participación de los empleados, construir y mantener relaciones más saludables con los clientes, resultando en una fuerza de trabajo más feliz y productiva.

En el siguiente capítulo, aprenderá cómo desarrollar habilidades de comunicación eficaz y persuasiva en el trabajo.

Capítulo Dos:
Cómo Desarrollar Habilidades de Comunicación Eficaz y Persuasiva en el Trabajo

Ahora que hemos descrito por qué debe aprender a comunicarse eficazmente en el lugar de trabajo, es el momento de describir exactamente cómo hacer. Esto incluye todo, desde la comunicación verbal y no verbal, incluyendo el lenguaje corporal y ser consciente de sus expresiones faciales. Ahora es el momento de convertirse en un mejor oyente en el trabajo y aprender a explicar lo que está tratando de comunicar a sus colegas. Como miembro del equipo en su lugar de trabajo, necesita aprender a convertirse en un comunicador inclusivo y ser capaz de comunicarse con personas de todos los orígenes y de todos los diferentes niveles de gestión.

También es beneficioso aprender técnicas persuasivas con el fin de persuadir a los miembros del equipo y sus superiores con sus puntos de vista. Estas técnicas se pueden utilizar si usted ha encontrado una mejor, más eficiente manera de hacer las cosas, pero otros todavía están estancados en la mentalidad de "siempre lo hemos hecho de esta manera". Si usted es un líder o miembro administrativo en su lugar de trabajo o es un empleado de "bajo nivel", debe estar equipado con las habilidades para dar y recibir críticas y ser capaz de compartir opiniones significativas de una manera positiva y con tacto.

Su comunicación escrita también puede tener un gran efecto en lo bien que se comunica con sus compañeros de trabajo. Cuando habla con alguien sobre un problema o un proyecto, ¿está haciendo las preguntas correctas para llegar al fondo de las cosas o aclarar su papel? En este capítulo, vamos a cubrir qué tipo de preguntas hacer para obtener la información que desea, así como los secretos para ser un comunicador proactivo, y cómo informar profesionalmente.

Enviar Mensajes: Habilidades de Comunicación Verbales y No Verbales

Hay dos tipos principales de comunicación que los seres humanos utilizan; verbal y no verbal. Cada una envía mensajes a un interesado (S. 2019). La comunicación verbal incluye tanto la escritura como el habla. Son las palabras que dices y las palabras que escribes. La comunicación no verbal incluye todo lo demás y representa alrededor del 90% de su comunicación general. La comunicación no verbal incluye lenguaje corporal, expresiones faciales e incluso lenguaje de señas (Frost, 2016). Las posibilidades de una comunicación errónea son mucho mayores con el lenguaje no verbal que con el lenguaje verbal.

La comunicación verbal, que es lo que está experimentando actualmente leyendo este libro, es la forma más eficaz de comunicación y se puede utilizar para transmitir información y/o retroalimentación de forma rápida y sencilla. La comunicación puede ser oral, como una conversación frente a frente, llamadas telefónicas, conferencias, videos y seminarios o escrita, que incluye correo electrónico, mensajes de texto, cartas escritas a mano o mecanografiadas, etc.

Dentro de los ámbitos de la comunicación verbal, también existe la formal e informal. Es probable que la mayor parte de la comunicación que usted hace mientras está en el trabajo, sea formal. La comunicación formal sigue un canal predefinido para que el emisor pueda llevar la información al receptor. Lo opuesto sucede en la comunicación informal: el emisor y el receptor no siguen ningún tipo de esquema predeterminado. Una nota de trabajo se consideraría una comunicación formal, mientras que un ejemplo informal podría ser un texto rápido para sus compañeros de trabajo.

La comunicación no verbal es completamente diferente. Hay muchos, muchos tipos diferentes de comunicación no verbal. Existe la "cronomía", que es la puntualidad y la velocidad a la que la persona está hablando. ¿Alguna vez conociste a alguien que hablara muy rápido de algo? ¿Cuál fue tu impresión? Lo más probable es que pensaras que esa persona estaba entusiasmada con lo que estaba hablando. Aunque hay muchos otros factores que entran en juego. Como los vocales; este es el volumen, la inflexión y el nivel de tono de la voz de alguien. Si alguien está hablando muy alto, podría estar molesto o simplemente estar tratando de hablar por encima de otro ruido ambiental.

Luego pasamos a los tipos externos de comunicación no verbal. La háptica es el uso del tacto cuando alguien se está comunicando, como una manera de expresar sus emociones y sentimientos. Esto sería algo así como frotar el brazo de alguien mientras verbalmente trata de consolarlo. La cinésica es el lenguaje corporal, los gestos, la postura y las expresiones faciales que una persona utiliza mientras se comunica (más tarde ahondaremos en ello). La distancia a la que alguien se coloca cuando se comunica con los demás se conoce como proxémica. Esto generalmente incluye diferentes cantidades de espacio para relaciones íntimas, personales, sociales y públicas. Las personas también pueden comunicarse no verbalmente a través de sus artefactos; esto incluye la forma en que se visten, sus accesorios o estilo de vida. Es probable que te comuniques con alguien de manera diferente (especialmente con tu lenguaje no verbal) si lleva un traje que si lleva ropa de gimnasio.

Cómo Usar y Comprender el Lenguaje Corporal

Tu lenguaje corporal dice mucho sobre quién eres y envía muchas señales a tus compañeros de trabajo. Todos hacemos todo lo posible para dar una buena impresión en aquellos con los que trabajamos eligiendo cuidadosamente nuestras palabras, pero es posible que no se dé cuenta la importante participación que contribuye su lenguaje corporal en su comunicación. Sin siquiera darse cuenta, es posible que esté estropeando sus mejores esfuerzos con sus colegas y clientes con su comunicación a través de su lenguaje corporal. Puede utilizar el lenguaje corporal en el lugar de trabajo para mejorar su comunicación y ayudar a dar una impresión positiva. El uso del lenguaje corporal puede ser intencional o completamente inconsciente. Su lenguaje corporal tiene una influencia muy fuerte en cómo lo perciben otras personas. Algunos ejemplos de lenguaje corporal deficiente incluyen poner los ojos en blanco, encorvarse o cruzar los brazos. Cuando se da cuenta de cómo su lenguaje corporal es recibido y percibido por otros esto puede ayudarle a comunicarte más eficazmente.

Un uso muy eficaz del lenguaje corporal en el lugar de trabajo es mantener el contacto visual mientras habla con alguien. Cuando mantiene contacto visual mientras habla con alguien o le están hablando, retrata que está mostrando interés, prestando atención, que se sientes seguro y se está comunicando honestamente. Si usted está hablando con alguien y no mantiene contacto visual con ellos, quizá sientan que está siendo deshonesto. Si alguien le está hablando y evita su mirada, es posible que sientan que no le está prestando atención. La postura también es una herramienta de lenguaje corporal muy útil. Cuando se agache o desplome en su silla, otros pensarán que no está interesado en lo que está pasando. Cuando mantiene una postura erguida, muestra su atención y compromiso en la conversación o comunicación. Si usted está sentado y hablando con alguien debe inclinarse hacia ellos un poco en lugar de inclinarse hacia atrás en su silla. Esta es otra manera de mostrar compromiso y que está prestando atención a lo que están diciendo.

Es importante ser consciente de su propio lenguaje corporal, pero también el lenguaje corporal de los demás a su alrededor. Cuando esté hablando con una persona o escuchándola, sea consciente de su lenguaje corporal y cómo se mueven cuando están hablando. El lenguaje corporal de otras personas puede ayudarle a determinar el tipo de mensaje que están tratando de entregar. ¿Les falta confianza? Si a un empleado le falta confianza en un área en particular, tal vez podría usar capacitación o apoyo adicional para ayudarlo a prosperar. Si usted siente que fallan en ciertas áreas, trate de decirlo con delicadeza, sin hacer que se sientan incómodos. Diciendo algo tan simple como: *"Oye [nombre], ¿recuerdas cuando hablamos de [tema]?, tuve la sensación de que te falta seguridad en [tarea], ¿cómo puedo ayudarte a tener más seguridad en esa área?"* Decirlo de esta manera le permite a su colega saber que usted no está tratando de ser grosero, sino que intenta ayudarles a alcanzar todo su potencial.

También puede utilizar la habilidad de leer el lenguaje corporal de las personas cuando está dando una presentación o conferencia. Ser capaz de medir eficazmente el lenguaje corporal de su audiencia le ayudará a determinar cómo se recibe su mensaje. Debería ser capaz de identificar fácilmente lo comprometida que está su audiencia por su contacto visual, postura y otros movimientos del cuerpo. Si su audiencia carece de contacto visual, tiende a estar inquieta mucho con bolígrafos o teléfonos y se está agachando e inclinándose hacia atrás en sus lugares, es probable que estén desconectados con el mensaje que está tratando de enviar.

Si un empleado no está de acuerdo con el mensaje del orador, también usará su lenguaje corporal para indicarlo. Cuando las personas se sienten amenazadas o inseguras de alguna manera (esto puede incluso ser un simple desacuerdo en un mensaje que están recibiendo) se cerrarán. Su lenguaje corporal puede incluir apartar los pies o todo el cuerpo de usted, cruzar los brazos o inclinarse hacia atrás en sus asientos.

Preste mucha atención, si ve que esto sucede, intente abrir la discusión para ver si puedes averiguar en qué no está de acuerdo su audiencia con usted. Pídales soluciones a estos problemas.

Mientras que, con un poco de práctica, usted puede entender el lenguaje corporal de sus colegas y ser capaz de reconocer cómo se sienten, malinterpretar el lenguaje corporal puede tener un efecto drásticamente diferente. Cuando el lenguaje corporal se malinterpreta, puede conducir a fricciones, conflictos y malentendidos de todo tipo. La probabilidad de malentendidos en la comunicación sólo aumenta a medida que el lugar de trabajo se vuelve más diverso y las diferencias culturales podrían entrar en juego. Si usted se está comunicando con alguien en su lugar de trabajo y parece estar mostrando lenguaje corporal negativo, eso podría significar que están frustrados, aburridos o siendo deshonestos. Debe responder antes de reaccionar. Reaccionar al lenguaje corporal sólo conducirá a más fricciones y conflictos. Haga todo lo posible para investigar un poco más el lenguaje corporal y los sentimientos de esa persona. Cuestione a su colega para obtener información adicional que podría aclarar su lenguaje corporal y el cómo se siente. Hay una ventaja en todo esto, cuanto más tiempo trabaje con alguien, más conocerá su lenguaje corporal y será capaz de leerlo más fácilmente con el tiempo.

A continuación hay una lista de los errores del lenguaje corporal que se hacen en el trabajo y que pasan inadvertidos:

- Tener mala postura o agacharse.

- Inquietud.

- Tener una expresión tensa en el rostro.

- Ser demasiado casual.

- No hacer contacto visual o mirar hacia abajo.

- Cruzar los brazos.

- Acercarse demasiado a la gente.

Toma algún tiempo tomar conciencia de su lenguaje corporal, cómo afecta a otras personas y ser capaz de entender el lenguaje corporal de otros. Al igual que con cualquier otra habilidad, cuanto más lo practique, mejorará en él. Así que cuando este en conversación con alguien, preste atención a cómo usan su cuerpo y cómo están respondiendo al lenguaje corporal de usted.

Cómo Tomar Conciencia de sus Expresiones Faciales

Las expresiones faciales también importan en el lenguaje corporal y en cómo la gente le percibe. Su expresión facial es su primera impresión cuando conoce a otros; esto incluye clientes, colegas y consumidores. Las expresiones que hace con su rostro se utilizan intrínsecamente para dar señales sociales y darle a los que le rodean pistas sobre cómo se siente. Su expresión facial puede afectar la dirección de la conversación o interacción social (Russell, 2015). Incluso si no quiere, sus expresiones faciales pueden exponer sus sentimientos y esto puede llevar a que las personas le perciban de cierta manera en el lugar de trabajo. Estas son tres situaciones en las que sus expresiones faciales muestran más de lo que quiere.

Cuando saluda a alguien en el trabajo que no le agrada. Cuando no le agrada alguien y está en su presencia, a menudo puede expresar esto a través de fruncir el ceño de su cara. Esto puede ser perjudicial para sus relaciones de trabajo, ya que le demuestra a esa persona y las demás a su alrededor que no le agrada ese individuo. Cuando saluda a alguien que no le agrada, tratar de saludarlo con una leve sonrisa siempre dejará una mejor impresión que un ceño fruncido.

Las circunstancias imprevistas en su carga de trabajo también pueden mostrarse en sus expresiones faciales. Esto puede suceder cuando se obtiene un aumento de la carga de trabajo; su expresión facial podría indicar que siente que no puede manejarla, frunciendo la frente o con una mueca en la cara. Asegúrese de que tus expresiones faciales no le indiquen a sus otros colegas que se siente incapaz de realizar el trabajo duro que se le pide hacer.

Generalmente, sonreímos al ser felices, y a menudo cuando recibimos un cumplido, sin embargo, esta expresión facial es interpretada diferente cuando está en el lugar de trabajo. Una sonrisa cuando recibe un cumplido puede hacerte ver como un engreído, ¡y no quiere eso! Cuando reciba un cumplido por algo que haya hecho bien, simplemente diga *"gracias"*, haga un asentimiento cortés y da una ligera sonrisa para reconocer el comentario positivo que recibió. No querrá parecer que tiene un gran ego dando una gran sonrisa y mostrando todos sus dientes; regodearse en el lugar de trabajo no es adecuado.

Esto no quiere decir que deba tratar de evitar mostrar expresiones faciales en el trabajo, simplemente significa que debe ser consciente de la expresión facial que está mostrando y cómo puede ser percibida por los que le rodean.

Las Claves para Convertirse en un Mejor Oyente en el Trabajo

Ser un buen oyente en el trabajo puede ser difícil a veces, especialmente si hay mucho ruido ambiental. Hay algunas cosas clave que puede hacer para practicar mejores habilidades de escucha en el trabajo. Lo más fácil quedarse en silencio y dejar que la otra persona hable sin tratar de pensar en lo que va a decirles de inmediato. En segundo lugar, si usted está participando en una conversación bidireccional, repita a esa persona lo que le oyó decir. *"Entonces, lo que te escuche decir es [esto], ¿lo entendí bien?"* Esto no sólo le confirma al emisor del mensaje que usted está prestando atención y realmente escuchándolos, también ayuda a eliminar cualquier malentendido.

Muchas personas no son muy buenos oyentes. Con demasiada frecuencia la gente puede escuchar lo que alguien está diciendo, pero no están oyendo realmente; si es padre, lo sabe bien. La gente también escucha para ver cuándo puede empezar a hablar. Puedes aprender mucho de una persona con solo escucharla y dejarla hablar. Tenga esto en cuenta; tenemos una boca y dos orejas, por lo tanto debemos escuchar el doble de lo que hablamos.

Convertirse en un mejor oyente puede ayudarle a profundizar su relación con la persona con la que se está comunicando (Edberg, 2019). Esto funciona tanto en el lugar de trabajo como en su vida personal. Las personas a menudo tienen dificultades para escuchar porque sienten que no obtienen personalmente nada de ello. Cuando realmente se escucha a alguien, es probable que ellos también lo escuchen mejor. La intención principal de escuchar es entender lo que una persona está tratando de comunicar.

Escuchar a alguien hablar es como un juego de memoria. Cuando esté tratando de recordar lo que alguien está diciendo, intente procesar la información como si tuviera que decírselo a otra persona después. Incluso si en realidad no tiene que repetir la información, esto puede ser muy útil para recordar detalles de la conversación. Esto le ayudará a estar más alerta e incluso a hacer más preguntas para ayudarle a entender lo que la persona está tratando de comunicar. Esto también debería ayudarle a centrarse más en lo que la persona está diciendo y a dejar de pensar tanto en lo que va a decir a continuación.

¿Sabía que sus ojos pueden ayudarle a ser un mejor oyente? Mantener el contacto visual durante una conversación puede ayudarle a enfocarse en lo que la otra persona está diciendo, ayudándole así a retener más información. Si tiene problemas o se siente raro por mirar a alguien a los ojos, mira directamente al centro de su nariz, nunca sabrán la diferencia.

Reduzca las distracciones tecnológicas. ¡Esto es IMPORTANTE! Es muy difícil ser capaz de escuchar eficazmente a alguien cuando se está mirando el teléfono o la computadora. Esto puede llevar a malentendidos de lo que la otra persona está diciendo o perdiendo por completo el punto de la conversación. Cuando usted está en su teléfono o computadora también genera que la otra persona sienta que no está siendo escuchado.

Puedes hacerle saber a la otra persona que estás escuchando resumiendo lo que dijeron. Cuando es capaz de resumir lo que se dijo les permite saber que usted estaba escuchando y que ha entendido lo dicho. Esto también ayuda a aclarar cualquier posible malentendido que podría ocurrir de otro modo.

Si bien sería genial poder leer la mente de la gente para mitigar cualquier malentendido, no es posible. Sin embargo, puede hacer preguntas para aclarar lo que se está diciendo. Trate de atenerse a preguntas abiertas para obtener una mejor comprensión de lo que están tratando de comunicar con usted. Hacer preguntas abiertas también les anima a abrirse y explorar lo que están diciendo y profundizar más en la conversación.

También puede ser un mejor oyente cuando está preparado para escuchar. Si sabe que va a una larga reunión que potencialmente podría causarle sueño, asegúrese de estar mental y físicamente preparado para escuchar. Es bastante difícil escuchar, y mucho más entender el mensaje que alguien está tratando de transmitir cuando te estás quedando dormido o sintiéndote somnoliento. Con el fin de conseguir que su mente trabaje y se prepare para una ingesta de información, ¡tome un poco de aire fresco! Puede hacer esto abriendo una ventana en su oficina (si tiene alguna) o dando un paseo al aire libre. También puede hacer un poco de ejercicio para que la sangre fluya hacia su cerebro.

Cuando escucha, sólo necesita escuchar. No piense en añadir sus comentarios, interrumpir al remitente o dar soluciones o conclusiones precipitadas. Sólo trate de estar presente en el momento y escuchar completamente para entender lo que el emisor está diciendo. A veces, cuando las personas están hablando, todo lo que realmente necesitan es alguien que los escuche para que puedan desahogar o resolver sus propios problemas.

Si por cualquier razón no es capaz de darle a alguien toda su atención y escucharlo, sea honesto al respecto. Hágales saber que usted está demasiado cansado, ocupado o distraído en ese momento para mantener una conversación valiosa y pregunte si es posible continuar más tarde. Establezca el tiempo que considere necesario para que ambos puedan tener una conversación con una interferencia de ruido mínima.

Cómo Convertirse en un Mejor Comunicador en el Trabajo a través de una Mejor Explicación.

No puede hacer que todos sean comunicadores más eficaces. Sin embargo, puede hacer lo mejor para asegurarse de que está explicando las cosas lo mejor posible. Hablamos antes un poco sobre cómo su lenguaje corporal tiene un efecto muy grande en cómo sus colegas lo perciben en el trabajo. El lenguaje corporal es un área en la que puede enfocarse para ayudarle a explicar mejor el mensaje que está tratando de transmitir. Asegúrese de que las palabras que está diciendo y el mensaje que su lenguaje corporal y su tono de voz están dando, sean todos coherentes. Decir que está emocionado de comenzar con un nuevo proyecto mientras tiene un tono sombrío y un ceño fruncido envía mensajes contradictorios.

Hacer preguntas en una conversación va en ambos sentidos. Cuando hable con alguien o con una audiencia, pregúnteles periódicamente si entienden o si algo necesita más explicación. Verificar con las personas para asegurarse de que están entendiendo lo que está comunicando también le ayudará a mejorar sus habilidades de explicación.

Entornos de Trabajo Diversificados: Cómo Convertirse en un Comunicador más Inclusivo.

En primer lugar, me gustaría abordar qué es la comunicación inclusiva realmente. Es desafortunado que esto siga sucediendo, pero la discriminación en el lugar de trabajo sigue siendo muy frecuente hoy en día, particularmente entre hombres y mujeres. A pesar de que las mujeres conforman alrededor del 50% de la fuerza laboral, hay menos del 15% que ostentan cargos ejecutivos (Warner, 2019). Si bien ya debe ser consciente de que los hombres y las mujeres se comunican de manera diferente, la discriminación que ocurre a menudo es inconsciente, ya que se refuerza inadvertidamente en las conversaciones diarias. La comunicación inclusiva es un estilo de comunicación que trasciende los sesgos de género y culturales para que cada parte entienda y sea entendida.

En términos generales, las mujeres son mejores para crear una sensación de conexión personal con el lugar de trabajo. Los lugares de trabajo con demasiada frecuencia pueden ser lentos y mecánicos. Las personas realizan sus tareas mejor cuando se sienten apreciadas y escuchadas por sus superiores. Los líderes dentro de la organización, ya sean hombres o mujeres, no deben tener miedo de la vulnerabilidad, la atención o la autenticidad.

La definición moderna de género es drásticamente diferente a la arcaica que la mayoría de la gente entiende. Como empleados o empleadores, todos necesitamos superar esa visión anticuada de lo que es el género binario e incluir una gama más amplia de identidades y géneros dentro del lugar de trabajo. Podemos trabajar para superar las brechas de género y los sesgos inconscientes a través del reconocimiento y la admisión de cómo estos sesgos han influido en nuestros comportamientos, pensamientos y sentimientos.

También debe ajustar sus estilos de habla y escucha para que sean menos definitivos. Si bien las personas pueden ser capaces de expresar fácilmente hechos e ideas, pueden encontrar más difícil expresar sus sentimientos o valores. Cuando esté en conversación, reconozca el hecho o la idea y escuche los sentimientos y valores que hay detrás. Parafrasee lo que su colega le dijo y trate de entender el verdadero significado que hay detrás.

Además de ser capaz de reconocer sus propios sesgos de género, también debería ser capaz de identificar y consentir diferentes estilos de comunicación. Esto es especialmente crucial para los líderes dentro de la organización, independientemente de su identificación de género. Los líderes deben trabajar para mantener un estilo de comunicación abierto y que permita perspectivas únicas.

Para convertirse en un comunicador inclusivo y eficaz, necesita ser capaz de dejar de hablar y comprometerse genuinamente con las personas con las que se está comunicando. En términos generales, en el trabajo, los hombres hablan libremente y no esperan una invitación para hablar, mientras que las mujeres generalmente esperan una solicitud de su opinión. Los líderes masculinos podrían entonces beneficiarse de la pausa antes de hablar y hacer un intento de llegar a sus contrapartes femeninas pidiendo sus comentarios, opiniones e ideas. Esto resultará en un entorno de trabajo más productivo y diverso. Además, los líderes masculinos necesitan trabajar para construir relaciones sólidas con cada miembro de su equipo.

Como empleado o líder, debe superar cualquier noción preconcebida y respuestas estereotipadas que tenga internamente y trabajar para eliminar sus creencias limitantes. Haga todo lo posible para estar abierto con la persona con la que está teniendo una conversación, tanto interna como externamente. Concéntrese en construir relaciones y comprender las necesidades de los demás y generar confianza dentro de su equipo.

Cómo Conseguir que las Personas Estén de Acuerdo con Usted: Establecer un Mensaje Eficaz y Persuasivo

Todos los días en su lugar de trabajo establece mensajes, de una forma u otra. A veces, estos mensajes están destinados a transmitir información importante, mientras que otras veces estos mensajes están destinados a inclinar a sus colegas en cierta dirección u otra sobre una decisión o un tema. Es posible que necesite usar persuasión en el lugar de trabajo para hacer que sus empleados hagan algo por usted, o para que su jefe haga algo por usted o incluso que sus colegas le ayuden a hacer algo. De cualquier manera, tener una comprensión de cómo persuadirlos puede ser una habilidad muy beneficiosa para perfeccionar. Hay muchas cosas que puede hacer para persuadir a alguien en una discusión o para que lo ayude con algo.

La persuasión se trata de la influencia. Cuanta más influencia tengas sobre alguien o un grupo de personas, más poder tendrás para persuadirlos. Hay muchas técnicas comunes que ayudan a influir en las personas ya sea a propósito o inadvertidamente, aquí hay seis de las más comunes (Dean, 2010):

- Simpatía

- Aprobación social

- Consistencia

- Escasez

- Autoridad

- Reciprocidad

La simpatía es sólo eso: cuanto más le gustes a alguien, más influencia tienes sobre ellos. Los influyentes pueden crear con éxito una mayor simpatía mediante el uso de la adulación y resaltar las similitudes con aquellos que están influyendo para crear y aumentar la atracción. La aprobación social es como un efecto de avalancha: cuantos más seguidores tenga alguien, más personas lo seguirán. Puedes mantener más influencia sobre alguien si haces lo que dices que vas a hacer y sigues siendo consistente en tus palabras y acciones. La escasez tiene mucho que ver con el consumismo y la creación de un miedo por perderse algo, pero esto también se puede aplicar en el lugar de trabajo para persuadir e influir en los colegas.

Tal vez si sus colegas ven su tiempo como escaso, lo apoyarán más.

La autoridad es una gran influencia y a menudo se utiliza para persuadir a la gente. Las personas también son influenciadas por expertos. Cuando los expertos hacen alarde de sus conocimientos, las personas se dan cuenta y son influenciadas por esos expertos. La reciprocidad es una técnica de influencia que puede ser fácilmente mal utilizada y abusada. Cuando alguien te debe algo es más probable que sea influenciado y persuadido por ti. Sin embargo, no debe ir por ahí haciendo que la gente se endeude con usted para su propio beneficio personal.

La persuasión de su argumento no depende sólo de usted, sino también depende de su audiencia (Dean, 2019). Su argumento o punto será más persuasivo si es personalmente relevante para su audiencia. Si su audiencia no encuentra relevancia en el mensaje, van a dejar de escucharle y no importa lo que diga, no va a ser persuasivo.

Al persuadir a alguien, a menudo necesita entablar varios alegatos fuertes para transmitir su mensaje. En términos generales, cuantos más fuertes sean los alegatos que tenga con ellos, más persuasivo será. Mientras trata de persuadir a alguien sobre un tema, es más beneficioso mantener sus alegatos equilibrados en lugar de unilaterales. Presente un debate equitativo, pero asegúrese de mitigar el contraargumento para asegurarse de que su parte del argumento sea la más atractiva.

Hay tres objetivos principales que debe perseguir cuando se trata de persuadir a alguien; afiliación, precisión y autopercepción positiva. Como seres humanos somos seres sociales, y como tal, todos queremos ser queridos por nuestros pares. La simpatía y la reciprocidad son parte del objetivo de afiliación. Cuando alguien es percibido como agradable y recíproco, envía al mundo un mensaje sobre su sociabilidad. Está en nuestra naturaleza unirnos y seguir a los influyentes, lo que satisface nuestro objetivo de afiliación.

La precisión se trata de hacer las cosas bien. Aquellos que no se preocupan por cómo hacer las cosas correctamente no llegan muy lejos en la vida o el trabajo. La gente siempre quiere buscar la respuesta correcta, que es donde el influyente entra en juego. Los influyentes entienden nuestra necesidad de tener razón y son capaces de ofrecer su experiencia o autoridad que satisface nuestra necesidad de precisión. El objetivo de la precisión se une a las técnicas de aprobación social y escasez ya que expertos e influyentes son más propensos a tener razón y no queremos perdernos nada.

El último objetivo de la persuasión es una autopercepción positiva. La gente tiene todo tipo de mecanismos de autoprotección. Las personas tardan mucho tiempo en descubrir su lugar en el mundo y no quieren perderlo. Cuando tenemos una cierta visión del mundo, hacemos todo lo posible para mantener esa visión intacta. Queremos creer que las cosas en las que creemos son, a nuestros ojos, buenas de alguna manera y ayudan a mantener nuestra autoestima. Aquí es donde los influyentes pueden poco a poco empezar a persuadir. Comienza con una pequeña solicitud y, después, se vuelven solicitudes más grandes y más grandes. Puede ser realmente increíble la distancia que algunos recorrerían por mantener esa visión positiva de sí mismos.

Cuando usted está tratando de persuadir a la gente debe asegurarse de que su mensaje coincide con su medio. ¿Lo que está tratando para persuadir a la gente es recibido mejor en formato escrito o hablado? ¿Debería hablar con ellos cara a cara o debería hacer un video? Un punto muy importante es evitar decirles que vas a tratar de persuadirlos. Hacer esto sólo preparará a su audiencia para empezar a preparar sus contraargumentos cuando deberían estar escuchándote.

Para ser persuasivo, primero debe estar familiarizado con su audiencia. Si ya están un poco de acuerdo con usted, entonces hablar lentamente está bien. Sin embargo, si aún no están de acuerdo con usted, entonces los hablantes rápidos pueden ser más persuasivos. La repetición también es beneficiosa para persuadir a alguien con su punto de vista. Repetir una declaración le da la ilusión de veracidad que luego puede conducir a la realidad de persuasión.

Además, también tiene que asegurarse de que su audiencia esté lista cuando esté tratando de persuadirlos. Esto incluye tener su atención y mínimas distracciones siempre que sea posible. Si su audiencia está distraída o no presta atención, es posible que no piense en su mensaje o argumento, lo que hace que sea muy difícil persuadir a alguien. En realidad se ha demostrado que cuando las personas están consumiendo cafeína, son más fácilmente persuadidos ya que están más alerta. Si usted está tratando de persuadir a su audiencia con un mensaje muy fuerte, entonces es mejor tener a su audiencia muy centrada en lo que está diciendo. Si tu mensaje es bastante débil, entonces es mejor distraer a tu audiencia un poco. Si usted es un padre, probablemente ha experimentado esto. Su hijo le pide algo cuando usted está en medio de otra cosa y, sin pensarlo realmente, acepta su solicitud.

Además, tiene que pensar muy cuidadosamente en cómo compone su mensaje para que se reciba de la manera que quieres que se reciba. Los mensajes con un encuadre positivo van a ser más persuasivos. También debe ser un poco astuto y disfrazar su mensaje para no presentarlo como persuasivo. Su mensaje será más persuasivo si pretende no serlo.

La confianza también juega un papel importante en la forma en que se percibe su argumento, tanto su confianza como la de su audiencia. Cuando usted está seguro de que ayudará a su audiencia a sentirse más segura, también deberán tener confianza en cambiar su actitud. La confianza también aumenta cuando el argumento proviene de una fuente creíble. Con la confianza viene el poder. El poder que la audiencia sentirá para cambiar y el poder que el influyente tiene sobre la audiencia.

Por último, debe evitar tratar de persuadir fuertes creencias u opiniones. Estos son muy difíciles de cambiar y a menudo las personas no se despegan de ellos a menos que sientan una necesidad intrínseca de hacerlo. Nunca se sumerja en un alegato persuasivo cuando haya creencias e ideas arraigadas con las que su audiencia está comprometida. Sólo se encontrará con resistencia y objeción.

Cómo Dar y Recibir Críticas Positivas Eficazmente

Para la mayoría de las personas, ser criticado realmente puede golpear su ego y autoestima. Sin embargo, si se hace correctamente, las críticas pueden inspirar y mejorar a las personas y empujarlas ser mejor en el lugar de trabajo. Sin importar si es o no un líder dentro de su organización, es probable que tenga que criticar a un miembro del equipo o empleado en algún momento. Para muchas personas, dar críticas es difícil. Sin embargo, recibir críticas puede ser aún más difícil. A las personas les gusta sentir que están haciendo las cosas correctamente y que están cumpliendo. Realmente no importa lo bien que lo diga, a menudo duele escuchar la verdad sobre tu desempeño laboral. Si usted es alguien que se esfuerza constantemente por mejorar su rendimiento laboral, entonces podría darle la bienvenida a los comentarios y valorarlos, incluso si le duele. Si el dador de la retroalimentación es neutral o tiene un acercamiento positivo de retroalimentación en lugar de tratar de hacer que el receptor se sienta mal, esto realmente puede ayudar a construir confianza a través de la crítica constructiva y la empatía.

Ya sea que esté criticando a un colega o a un subordinado, hay ciertas medidas que puede tomar para asegurarse de que sus comentarios sean bien recibidos y apreciados. Como receptor de los comentarios también hay acciones que puede tomar con el fin de beneficiarse plenamente de la retroalimentación. Ahora, una precaución, algunos comentarios que reciba podrían tener aviso, como una evaluación. Sin embargo, algunos comentarios pueden ser no deseados y será sorprendido desprevenido. En cualquier situación, puede recibir esa retroalimentación y tomar ventaja para usted.

Asegúrese de que tiene objeciones claras. ¿Cuál es el mejor resultado posible de la crítica? Si usted es el que da la retroalimentación, no se desahogue sin intención; no va a lograr nada más que hacer que la otra persona le resiente. Si usted es el receptor de tales críticas y siente que ha estado bajo ataque, entonces haga todo lo posible para descartar cualquier situación tensa. Puedes hacer esto preguntando a la persona que le está criticando lo que esperan lograr con esa interacción. En el mejor de los casos, se dará cuenta de cuál es la causa raíz de la fricción y la crítica, en el peor de los casos, puede hacer una salida elegante.

Cuando vaya a criticar a alguien o darle algún tipo de retroalimentación, primero considere el entorno y el momento. Elija un entorno neutro que esté libre de distracciones. Hay muchas situaciones en el lugar de trabajo donde la crítica tiene lugar frente a otros empleados, causando vergüenza e incomodidad en la persona que recibe la crítica. En algunos entornos de trabajo, se requiere un tercero si un empleado va a ser "amonestado", pero esto puede hacer que la gente sienta que está siendo acorralada, así que asegúrese de que el tercero sea neutral y no causará más fricción. La fricción también se puede minimizar mediante el uso de humor y la relación apropiados que ya se han construido entre las partes. También puede ayudar a derribar las defensas de la persona a la que se le está dando retroalimentación compartiendo sus propios errores absurdos y experiencias personales. Esto ayuda a esa persona a poder relacionarse con usted antes de abordar sus propios problemas de rendimiento.

Si usted es la persona a la que se le está dando la retroalimentación y se siente amenazado o avergonzado, entonces no tenga miedo de hablar al respecto. Pídale a la persona que le proporciona los comentarios que se traslade a un área más privada o si puede establecer una reunión en otra fecha y hora en un futuro cercano. Asegúrese de que mantiene su lenguaje corporal neutral y está abierto en lugar de cerrado, esto ayudará a la persona que le critica a sentirse más cómodo y relajado.

Al criticar a alguien es prudente usar menos palabras con más significado detrás de ellas. Es probable que la persona que está criticando tenga una voz interna fuerte que les esté causando ansiedad. Es probable que pueda hacer llegar su punto si es breve y conciso. Cuanto más trates de hablar con la persona que estás criticando, es menos probable que oigan. Se distraerán de los puntos clave y se les hará más difícil recordar los puntos que está tratando de hacer. Haga todo lo posible para planificar su conversación con anticipación y, si es posible, escríbala para que la persona con la que se está comunicando tenga algo que llevarse para recordar la conversación.

Si usted está en el extremo receptor de la crítica, lo mejor es dejar que sus críticos hablen de lo que tienen la cabeza y saquen todo de su pecho. Si intenta debatir su posición, se verá como defensivo y cerrado. Es mejor para usted recibir la retroalimentación en ese momento y aceptarla, mientras la repasa más tarde con una cuidadosa consideración. La persona que lo estaba criticando lo tomará más en serio cuando su respuesta sea contemplada, bien pensada y articulada, en lugar de simplemente reaccionar a la situación.

No debe abordar una crítica de una manera egoísta, pero debe ser capaz de conocer a su objetivo lo suficientemente bien como para explicarle cómo la retroalimentación le beneficiará y ayudará a alcanzar sus metas deseadas. La persona a la que le está dando los comentarios va a estar más abierta a las sugerencias si se comprometen con el resultado de la crítica. Si usted es capaz de proporcionar un contexto para la crítica, como una promoción, entonces se vuelve vital para el éxito de ellos.

Por el contrario, si usted es el que está experimentando la crítica, vea objetivamente la situación. Despréndase de sí mismo y de la situación y mire objetivamente lo que se está diciendo. ¿Tiene claros sus objetivos? ¿Esta crítica le ayudará a seguir su carrera o simplemente alguien tiene un mal día y lo está usando como objetivo?

Por último, aprenda a usar la autocrítica. La autocrítica es de dos lados; aprender a hacerlo por usted mismo y aprender a animar a otros a hacerlo. Si usted es la persona que da la retroalimentación, no recite sólo una lista de las cosas que se hicieron mal, dé ejemplos de escenarios usando un punto de vista objetivo y haga preguntas a su sujeto que lo animen a obtener sus propias conclusiones. Estas conclusiones auto-obtenidas deben centrarse en las áreas a mejorar del sujeto. Hágales preguntas que los ayuden a ver la perspectiva de un gerente respecto a su situación. Use oraciones con "yo" o ejemplos de sus propias experiencias que ayuden a desenfocarse de ellos mismos y que se enfoquen en cómo se siente usted.

Cuando se trata de autocrítica, debe hacerla de manera regular. Haga todo lo posible para tratar de estimar los puntos clave de cualquier retroalimentación antes de que realmente suceda. Hay una manera muy efectiva de desarmar sus críticas antes de que empiecen a criticarle y es ser capaz de iniciar una conversación sobre tus propios fracasos antes de que otra persona lo haga. Esto no sólo desarmará a sus críticos, sino que también los impresionará. Puede convertir un potencial ataque en ganancia para ambas partes.

La Importancia de las Habilidades para una Clara Comunicación Escrita en el Trabajo

Si bien muchos empleadores subrayan que los empleados tienen habilidades eficaces de comunicación oral y escrita, a menudo se puede pasar por alto la comunicación escrita eficaz. Cuando un empleado tiene habilidades de comunicación escrita muy eficaces, puede beneficiar a la empresa de múltiples maneras, como garantizar una comunicación de calidad con los clientes. Los empleados con buenas habilidades de comunicación escrita son vistos como inteligentes, corteses y orientados a los detalles.

Existe el viejo proverbio de que sólo tienes una oportunidad de hacer una primera impresión, esto también aplica para las comunicaciones escritas. El lector de la comunicación escrita tendrá una buena impresión del escritor si la escritura está bien redactada, organizada y libre de errores gramaticales. Una buena comunicación escrita durante el proceso de solicitud de empleo puede ser crucial para una oferta de trabajo y un aumento del salario. Si un empleado tiene habilidades de escritura deficientes en una comunicación externa, esto puede reflejarse mal en la empresa en general. Si un empleado tiene malas habilidades de escritura y sus colegas notan un patrón de habilidades de escritura deficientes, es probable que se perciba como poco inteligente (Petersen, 2019).

Excelentes habilidades de comunicación escrita demuestran cortesía por parte del escritor. Cuando alguien se toma el tiempo con su comunicación escrita, demuestra que valora el tiempo del lector. El lector también se beneficia de que el escritor presente sus ideas de una manera clara y organizada. Si el escritor no es capaz de comunicar claramente su mensaje, esto consume tiempo y energía del lector para tratar de determinar cuál es el mensaje que se quiere entregar. El lector podría incluso tener que hacer preguntas clarificadoras para tratar de averiguar lo que el escritor está tratando de comunicar.

Una comunicación clara es vital para tomar decisiones empresariales acertadas tanto interna como externamente. Es mucho más fácil para los empleados entender proyectos y compartir ideas cuando los objetivos están claramente definidos y son fácilmente entendidos. Para las comunicaciones externas, los empleados, los clientes y los proveedores pueden entenderse más fácilmente cuando las comunicaciones escritas son claras y están libres de posibles malentendidos. Es mucho más fácil coordinar objetivos, reuniones y negociaciones cuando las comunicaciones escritas son concisas.

Si usted no es naturalmente bueno en las comunicaciones escritas, puede perfeccionar sus habilidades aquí también. Hay varias maneras en las que puede trabajar para mejorar sus habilidades de comunicación escrita.

Tómese su tiempo al escribir. A menudo, la gente comete errores simples y tontos en su escritura cuando se apresuran. Tómese su tiempo escribiendo y luego regrese y compruebe lo que ha escrito. No apresure sus comunicaciones escritas "tan rápido como sea posible", sino más bien como mini proyectos individuales. Utilice siempre un corrector gramatical al escribir. Asegúrese de que su ordenador esté equipado con un corrector de gramática o instale uno. No tenga miedo de pedir opiniones de sus colegas. Si está escribiendo un correo electrónico especialmente importante, asegúrese de que su gerente o compañero de trabajo lea el correo electrónico antes de enviarlo a su destinatario. Si usted siente que realmente necesita ayuda adicional con su escritura, tome un curso sobre comunicaciones escritas. La mayoría de las universidades comunitarias ofrecen clases de comunicación escrita y también hay muchas disponibles en línea.

El Secreto para Ser un Empleado Proactivo en el Trabajo

Ser proactivo significa actuar antes de que ocurra un evento futuro; de esta forma hace que las cosas sucedan en lugar de simplemente esperar y reaccionar a las cosas cuando y mientras suceden (Scivicque, 2018). Los empleados proactivos son ingeniosos y no son pasivos. Cuando los empleados son proactivos, no necesitan ser micro administrados, requieren instrucciones menos detalladas de sus superiores y a menudo no necesitan órdenes para hacer las cosas y pueden anticiparse a las necesidades de su equipo. Ser proactivo puede aplicarse al rol individual del empleado o a cualquier función y responsabilidad adicional de su equipo y/o organización. Cuando los empleados son proactivos dentro de sus propias funciones, pueden encontrar una manera más efectiva y productiva de cumplir sus propias responsabilidades. Cuando un empleado es proactivo en roles que están fuera de su descripción de trabajo, habla de su comportamiento de ciudadanía organizativa. Un empleado con un alto comportamiento de ciudadanía organizativa y que sea proactivo, será más propenso a preguntar a sus colegas o gerentes si necesitan ayuda en un proyecto antes de que se le solicite (Cooley, 2019). Los empleados proactivos piensan y actúan de ciertas maneras que les ayudan a avanzar a sí mismos y a sus organizaciones.

Los empleados que son proactivos son organizados. Su espacio de trabajo está organizado, su horario está organizado y mantienen una mentalidad positiva. Cuando los empleados son organizados y son capaces de gestionar eficazmente su tiempo, abordan las tareas de una manera más eficaz que también les permite estar abiertos a más oportunidades en el lugar de trabajo. Una mentalidad positiva en el lugar de trabajo alienta al empleado y a sus colegas a buscar mejorar en todas las situaciones. Los empleados que son organizados, que evalúan las situaciones y que permanecen positivos son consideran listos, dispuestos y capaces para asumir mayores responsabilidades. A menudo son vistos como la persona a la que acudir y solucionadores de problemas clave en el equipo o en la organización. Para convertirse en un empleado más proactivo, haga una evaluación de sus funciones y responsabilidades actuales dentro de la organización y hágase estas preguntas:

- ¿Cuáles son sus prioridades y tareas?

- ¿Cuáles de sus prioridades pueden eliminarse, consolidarse o acortarse?

- ¿Cuáles son sus tareas regulares o menos urgentes y cómo puede mantenerse por delante de ellas?

- Cuando surgen problemas, ¿cómo los resuelve?

- ¿Cómo puede planificar con anticipación o anticipar los problemas antes de que se desarrollen?

- ¿Cómo podría automatizar tareas para que su trabajo consuma menos tiempo y sea más eficiente?

- ¿Hay alguna tarea que pueda delegar o que sea más adecuada para otros empleados?

Hacerse estas preguntas y responderlas puede ayudarle a aumentar su productividad y convertirse en un empleado o líder más proactivo.

Mire a su alrededor, a sus compañeros de trabajo y líderes, ¿hay alguien a quien admire? ¿Alguien que siempre parece estar por delante del juego y todo el mundo parece acercarse a él o ella cuando surge un problema? Si puede, trate de pasar tiempo con esa persona y observe su comportamiento y obtenga información. Utilice lo que pueda aprender de ellos y adapte sus propias técnicas. Algunas de las técnicas podrían funcionar mejor para usted que otras. Necesita trabajar para construir su propio repertorio y afinar las cosas que le funcionan y deshacerse de lo que no. Hágale saber a su gerente o superiores que desea ayudar más o asumir mayores responsabilidades. No se quede ahí esperando a que alguien le pida que ayuda. Necesita estar preparado y dispuesto a hacer sus propias oportunidades y demostrar que quiere involucrarse más y asumir más responsabilidades.

Fijar objetivos es una parte muy importante de ser proactivo. ¡Anote sus objetivos y establezca plazos! Un objetivo sin fecha límite es simplemente un sueño. Cuando sabe lo que quiere, es más fácil trabajar hacia sus resultados. Las metas pequeñas pueden conducir a metas más grandes, así que piense en trabajar hacia atrás. Si su objetivo es ser promovido, entonces sea proactivo y descubra cómo trabajar hacia atrás. Esto podría significar mostrar sus habilidades de liderazgo asumiendo tareas más difíciles o trabajando con otros empleados para ayudar a resolver problemas. No se desanime por los contratiempos u obstáculos con los que se encuentre. Tiene que estar dispuesto a salir de su zona de confort y ser resistente al superar obstáculos. Debe estar comprometido a hacer siempre su mejor trabajo y trabajar en ser un modelo a seguir para otros miembros de su equipo y dentro de su organización. Demuestre que le apasiona lo que está haciendo y delo todo, incluso si es un proyecto en el que no quiere trabajar particularmente. Los gerentes y otros superiores lo notarán.

Ser proactivo requiere mucho trabajo, así que celebre sus éxitos, no importa cuán grandes o pequeños sean. Tiene que ser flexible, no puede anticipar cada resultado. Necesita ser capaz de responder en lugar de reaccionar a situaciones inesperadas; esta es una buena cualidad de un empleado proactivo. Si bien ciertamente hay situaciones en las que es apropiado reaccionar, los empleados proactivos son flexibles y capaces de manejar muchas situaciones diferentes.

Cómo Hacer las Preguntas Adecuadas para Obtener Resultados

Nuestros cerebros están diseñados para hacer preguntas, pero para obtener respuestas que den resultados, usted necesita hacer las preguntas correctas (Grace, 2018). Hacer preguntas es tanto un arte como una ciencia. Si su función en su organización es obtener resultados y mantener avanzando, entonces debe ser versado en hacer preguntas, preguntas de calidad, es decir. La calidad de las preguntas que haga determina la calidad de las respuestas que recibirá. En términos generales, cuando comienza una pregunta con "por qué", es poco probable que obtenga la respuesta que está buscando o que nueva información sea revelada.

Cuando inicia una pregunta con "por qué", suena como si estuviera culpando a la persona con la que está hablando. Estas preguntas no abren el diálogo ni la conversación para llegar al origen del problema, en su lugar se utilizan para confirmar una sospecha. Al tratar de encontrar una respuesta, hacer la pregunta correcta es la mitad de la batalla. Hacer preguntas "por qué" también pone a la persona cuestionada, en una posición que llevará a la respuesta a sonar defensiva. Cuando hace preguntas de "por qué", está siendo perezoso, ya que pone todo el pensamiento en el receptor de la pregunta. Con el fin de hacer preguntas de manera efectiva, debe formular la pregunta para que mueva la conversación hacia adelante en lugar de tratar de delegar la resolución a otra persona.

Los equipos de administración están capacitados para dar respuestas, no están capacitados para hacer buenas preguntas. Con el fin de hacer mejores preguntas, usted debe observar más allá de un vistazo rápido. En lugar de preguntar por qué su equipo no terminó un proyecto a tiempo, podría hacer preguntas como:

- ¿Cuál miembro de mi equipo parece distraído y cuál parece estar en el buen camino?

- ¿Hay algún conjunto de habilidades de las que el equipo carezca?

- ¿Cuándo parece que mi equipo produce su mejor trabajo?

- ¿Cómo afecta la dinámica del equipo a los resultados del proyecto?

Ve las diferentes áreas de preocupación que se están abordando en lugar de simplemente culpar al equipo de que el proyecto no se terminó a tiempo. Hay muchos aspectos diferentes que podrían llevar a un equipo a no completar el proyecto a tiempo. Tal vez algunos miembros del equipo trabajan lo necesario, mientras que otros haraganean. O tal vez hay algunos factores externos que están afectando los resultados del equipo. Ser capaz de observar a su equipo le ayudará a hacer preguntas de calidad que inducen una conversación profunda para llegar a la raíz de los problemas.

Las personas curiosas tienden a estar en una mejor posición para hacer las preguntas correctas. Cuando profesionales como los ingenieros tienen curiosidad por algo, profundizan en el tema. No sólo busque lo que es obvio o lo que está en la superficie del problema. Deje todos sus prejuicios y nociones preconcebidas fuera. Cuando tiene curiosidad por algo, esto también lo deja vulnerable, ya que admite que no tener todas las respuestas. Cuando se trata de estudios profesionales y científicos, los investigadores no ocultan sus errores, los publican con el fin de ayudar a avanzar a sus campos. En lugar de preguntar por qué usted (o su equipo) está fallando en encontrar respuestas, debe explorar su curiosidad. Tome un enfoque diferente para hacer preguntas con curiosidad. Concéntrese en preguntas como estas:

- ¿Cómo se ve la solución a este problema?

- ¿Cómo verá el usuario final este problema y solución?

Trate de mirar el problema desde todos los ángulos diferentes y llegar a varias perspectivas. Pregunte a otras personas su perspectiva sobre el tema o verifique lo que otros han hecho en situaciones similares, lo que me lleva a mi siguiente punto: reconocer patrones.

Cuando es capaz de reconocer patrones en los problemas, puede llegar a una solución más rápido. Cuando usted es capaz de obtener el patrón correcto, entonces puede medir su diseño tal y como debería funcionar consistentemente. En lugar de centrarse en por qué aún no ha encontrado una solución, concéntrese en lo que ya ha funcionado y en cómo puede considerar el problema desde una perspectiva diferente.

Las preguntas de calidad también muestran empatía. Las preguntas genuinas y de calidad no son inductivas por naturaleza ni piden nada a cambio. Las preguntas que hace no deben tratar de encontrar la solución más rápida o más fácil, sino más bien encontrar una solución a largo plazo. Llegue a la raíz del problema y deje de preguntar por qué existe éste, sino más bien cómo se puede acercar al origen del problema. Estas son algunas preguntas empáticas a considerar:

- ¿Cómo puede su equipo acercarse a la fuente del problema?

- ¿Qué puede hacer cada individuo para ayudar a comprender el problema en cuestión?

- ¿Qué puede hacer usted para que la solución sea más práctica y fácil de entender?

Por último, debe estar atento y comprometido al hacer preguntas. Estar atento es entender la cultura que rodea al problema y ser capaz de cambiar la perspectiva con la que lo ve. Cambiar la perspectiva puede significar mirar a diferentes entornos e industrias para observar cómo otros podrían estar resolviendo problemas. En lugar de preguntar por qué un producto o servicio no se vende, debe mirar más allá del producto o servicio en sí y ver a los consumidores. Pregunte en su lugar:

- ¿Los compradores están experimentando resistencia de algún tipo?

- ¿Qué puede hacer para eliminar las barreras de los clientes?

Hacer preguntas realmente efectivas se deriva de la incorporación de las cinco áreas antes mencionadas. Debe ser capaz de observar, traer curiosidad al problema, ser capaz de reconocer los patrones que rodean el problema, ser empático con el usuario final y estar presente en las diferencias culturales. Hacer preguntas de calidad proporciona un sentido de propiedad que promueve el pensamiento aprovechado al descubrir conceptos. Puedes empezar a hacer mejores preguntas utilizando el pensamiento creativo, la apertura y la inclusividad.

Cómo Reportar Profesionalmente a tu Superior sobre el Estado de un Proyecto

Desarrollar un informe profesional sobre un proyecto en el que está trabajando puede contribuir a mostrar sus habilidades de comunicación a sus superiores. Ser capaz de informar profesionalmente sobre el estado de un proyecto no es algo en lo que muchas personas sean expertas; incluso los mejores directores de proyectos pueden tener problemas con esto. Simplemente se reduce a la falta de comprensión desde la perspectiva del director del proyecto (Redmond, 2018). Lo más probable es que su gerente esté siendo presionado para informar por parte de su superior sobre el estado del proyecto y ahora ha terminado en las manos de usted el informe del estado del proyecto. Hay algunas reglas básicas a las que puede apegarse, para establecer su reputación como alguien que sabe cómo informar eficazmente sobre el estado de un proyecto grande e importante. Será capaz de mantener a su equipo de gestión informado y mantener el proyecto avanzando exitosamente.

En primer lugar, debe asumir la perspectiva de su gerente o equipo de administración al que le estará informando. Si usted es el encargado de informar el estado de un proyecto importante, entonces no debería sorprenderle que su gerente va a querer cualquier información importante sobre el proyecto que pueda obtener. Si usted es capaz de construir un excelente informe sobre el estado del proyecto, su gerente no tendrá que preocuparse por involucrarse y podrá permanecer informado sobre el bienestar y la dirección del proyecto. Tu jefe necesita obtener regularmente información sobre el proyecto para compartirlo con su jefe. Cuando usted está al corriente de todo, su jefe también parecerá que está al corriente de todo y puede ser un beneficio para usted.

Incluso si está trabajando en un proyecto que es menos importante, debe tomar el informe de ese proyecto con la misma seriedad. Es beneficioso para su gerente ver un informe breve donde fácilmente pueda hojear los detalles de un proyecto para asegurarse de que todo está en el camino correcto. Su trabajo de ser capaz de informar profesionalmente un proyecto se reduce a ser capaz de destilar toda la información en fragmentos fácilmente digeribles que sean fáciles de entender mientras presentan los elementos más básicos y esenciales del proyecto. Hay tres componentes principales para escribir un excelente informe de estado del proyecto. Debe incluir los tres componentes principales (resumen, hitos y problemas), cómo organizar el estado del informe, qué breves detalles incluir, los datos clave que se incluirán, cualquier manejo de problemas y los resultados esperados.

Los tres componentes principales que debe incluir en su informe de proyecto y que harán saltar de alegría a su gerente por sus estelares habilidades de informar proyectos son el resumen general, hitos y problemas. El resumen del proyecto es el estado general del proyecto. El equipo de administración debe ser capaz de detectar si el proyecto está en problemas. Como informante sobre el proyecto, es posible que no sea consciente de todos los problemas del proyecto y su gerente deba ser capaz de determinar rápidamente si el proyecto está en problemas con lo que usted está informando. El siguiente componente importante son los hitos del proyecto. Los hitos son logros importantes que se han completado en fechas específicas. Los gerentes deben ser capaces de ver qué hitos se han completado, cuáles están en desarrollo y cuáles podrían estar retrasados. Esto le permite al equipo de administración una vista general del cronograma del proyecto y les ayuda a ajustarse en consecuencia si es necesario. Por último, el tercer componente importante del proyecto sobre el que debe informar, es cualquier problema que haya surgido. Si ha habido algún obstáculo para la finalización exitosa del proyecto, debe asegurarse de incluirlo en su informe. Esto ayuda al equipo de administración a determinar si necesita hacer ajustes o intervenir y ofrecer más ayuda.

Lo siguiente es ser capaz de organizar eficazmente el informe de su proyecto. Debe empezar en el nivel más alto y trabajar hacia abajo hasta las cosas de nivel inferior. Asegúrese de poner el estado general del proyecto en primer lugar; de esta manera, un gerente puede saber inmediatamente si hay que hacer algo con el proyecto. Si el gerente está preocupado por el estado general del proyecto, puede examinar más detalles dentro del estado del proyecto, consultar las fechas programadas y los problemas que podrían estar afectando a los plazos del mismo. Si usted es realmente bueno informando, debería ser capaz de informar las cuestiones que están causando la mayoría de los problemas de acuerdo a su prioridad.

Además, su informe del proyecto debe incluir los detalles breves. Estos necesitan ser claros, concisos y nítidos para que el equipo de administración los comprenda rápidamente y con poco esfuerzo. Teniendo en cuenta que su gerente probablemente tiene muchos proyectos bajo su administración, tienen muy poco tiempo para sentarse y leer el informe de su proyecto, así que asegúrese de que solo está incluyendo los detalles que necesita saber. No es necesario narrar el informe del proyecto, sino ser tan conciso como sea posible. Por ejemplo, en lugar de escribir en párrafos, utilice enunciados cortos con viñetas. Reduzca la información tanto como sea posible sin eliminar ninguna información vital. Evite añadir adverbios y adjetivos o cualquier etiquetado innecesario. Por ejemplo, no ponga *"fecha: 1/2/2019"*, sino sólo la fecha como *"1/2/2019"* puesto que no necesita explicación.

Debe asegurarse de que todos los datos clave se incluyen en el informe del proyecto. Esto permitirá a su equipo administrativo conocer el estado general del proyecto, los hitos del proyecto y cualquier problema que esté presente. Los puntos de datos clave que debe incluir en el informe del proyecto son:

- El nombre del proyecto.

- Cualquier número de identificación del proyecto u otros identificadores.

- El estado general del proyecto.

- El porcentaje que espera sea completado en ciertos hitos.

- El porcentaje que realmente se completa en ciertos hitos.

- El número de días que está por delante o por detrás en el proyecto.

- El número de problemas a los que se enfrenta que impiden que el proyecto avance.

- El número de problemas "normales" que el proyecto está experimentando.

Estos elementos de datos deberían proporcionar una visión general suficientemente sólida del proyecto que su superior puede consultar rápidamente. Sus superiores necesitan ver algo más que el estado general del proyecto, necesitan ser capaces de observar una visión general muy rápida del cronograma, los hitos y los problemas, para determinar si deben involucrarse y ayudar en el proyecto. Al proporcionar un resumen de los hitos del proyecto, debe incluir el nombre del hito, el porcentaje de finalización del hito, las fechas de inicio y finalización establecidas y las fechas de inicio y finalización reales. Hay muchas maneras diferentes de presentar los hitos usando gráficos coloridos y sofisticados. No busque lo que mejor se ve, busque lo que sea más práctico y fácil de entender. Desea crear claridad, no más confusión.

Cuando se trata de comunicar problemas del proyecto, debe presentarlos al final del informe del mismo. Esta sección debe incluir todas las diversas cosas que sus superiores necesitan saber sobre los problemas que el proyecto está experimentando. Esto puede incluir el número si tiene algún tipo de sistema para numerar los problemas del proyecto, el nombre del problema, la fecha y hora en que se notificó el problema, la prioridad o gravedad del problema, el nombre de la persona que está manejando el problema, el tiempo estimado que tomará resolver el problema y la actividad actual del problema.

Una vez que se haya vuelto experto en comunicarse con sus superiores sobre el estado de los proyectos, generalmente sucederá una de dos cosas. O sus superiores hablarán con usted menos porque sienten que tiene todo bajo control, o conversarán con usted más para tratar de mantenerse al tanto de cualquier problema y obtener más detalles de su parte. Es menos probable que le pregunten constantemente sobre el estado del proyecto, pues ya lo habrá proporcionado. Si sus superiores todavía le están pidiendo informes de estado, puede ser que no esté enviando suficiente, no los esté enviando a las personas adecuadas o no envíe un informe de estado lo suficientemente bueno. Sus superiores no deberían tener que pedirle continuamente informes de estado, sino más bien ser capaces de digerirlos pasivamente. Los empleados que son capaces de producir informes de proyectos de calidad son pocos y distantes entre sí. Un empleado que puede presentar un proyecto de una manera clara y concisa es mucho más benéfico para la empresa que alguien que puede hacer gráficos y diagramas sofisticados.

Resumen del Capítulo

Desarrollar habilidades de comunicación eficaz en el trabajo es algo que cualquiera es capaz de lograr. Con su caja de herramientas de comunicación llena, puede persuadir a la administración, involucrar a sus empleados y asegurarse de que su mensaje siempre se está comunicando eficazmente.

Hay muchas maneras de comunicarse tanto verbal como no verbalmente. Teniendo en cuenta que el 90% de su comunicación general no es verbal, es muy importante que usted sea muy consciente de su lenguaje corporal y otras señales no verbales mientras está en el trabajo. Una de las cosas más rápidas que puede hacer para mejorar su comunicación a través del lenguaje corporal es mantener el contacto visual mientras habla con alguien. Aquí hay algunos otros consejos y trucos para usar eficazmente su lenguaje corporal.

- Mantén una postura erguida.

- Mientras está sentado, inclínese hacia alguien cuando hable o lo escuche.

- Sea consciente de cómo otros están usando su lenguaje corporal.

- No se inquiete.

- Tenga en cuenta las diferencias culturales y de género.

- Mantenga una postura abierta y relajada.

- Sea consciente de sus expresiones faciales.

Con cada mensaje que enviamos, hay señales verbales y no verbales. Debería practicar varias formas de lenguaje corporal y asegurarse de que no está siendo percibido por otras personas como presumido, arrogante o carente de confianza.

Ser un mejor oyente en el trabajo es parte de una comunicación eficaz. A veces puede haber mucho ruido ambiental que tiene que superar. Sin embargo, si tiene en cuenta estos consejos, debería poder comunicarse eficazmente en cualquier entorno de trabajo.

- Permanezca callado y deje que otros hablen sin tratar interrumpir con lo que vas a decir a continuación.

- Repitale a la persona con la que está hablando lo que dijo con tus propias palabras.

- Mantenga el contacto visual cuando la persona esté hablando, esto le ayudará a retener información.

- Recuerde lo que alguien esté tratando de decirle como si tuviera que evocarlo más tarde.

- Minimice las distracciones de la tecnología.

- Haga preguntas abiertas para aclarar lo que se dijo.

- Esté preparado mental y físicamente para escuchar.

- Esté presente en el momento y escuche.

- Si no puede mantener una conversación con alguien de manera efectiva, programe un momento adecuado en el futuro.

- Asegúrese de que su comunicación verbal y no verbal sean coherentes.

Los lugares de trabajo son cada vez más diversos. Es vital entender la importancia de la inclusividad en el lugar de trabajo. Es un hecho bien establecido que los hombres y las mujeres se comunican de manera diferente y los estereotipos de género se perpetúan inadvertidamente por nuestras conversaciones diarias. Los comunicadores eficaces son capaces de escuchar hechos e ideas y escuchar los valores y sentimientos detrás de ellos. Los líderes masculinos se beneficiarían de pedir específicamente la opinión de sus contrapartes femeninas.

La comunicación persuasiva es también una muy eficaz habilidad para tener, particularmente en el lugar de trabajo. Saber cómo poner a las personas "de tu lado" por así decirlo, puede ayudar a influir en la gente. Las personas pueden ser persuadidas a través de la simpatía, la aprobación social, la consistencia, la escasez, la autoridad y la reciprocidad. Cuantos más tenga de los anteriores, más influencia tendrá sobre la gente. La efectividad de su influencia no se trata sólo de usted, también depende de su audiencia. Ésta necesita que su mensaje le sea relevante para ser persuadida.

Hay tres objetivos principales en los que debe centrarse al tratar de persuadir a alguien; afiliación, precisión y autopercepción positiva. Si tiene dificultad para persuadir a la gente, hablar más rápido y repetir lo que estás diciendo ayudará a la gente a creer en lo que está diciendo. También debe estar seguro de que su audiencia está prestando atención a lo que está diciendo. Al persuadir a las personas, también debe tener confianza en su ejecución.

Al dar retroalimentación, asegúrese de que está utilizando enunciados con "yo" y formulando la crítica de una manera positiva. También es importante ser capaz de autocriticarse y desarmar a sus críticos antes de que empiecen a señalar lo que ha hecho mal.

Los empleados que son proactivos son capaces de anticipar las necesidades de su equipo mientras son ingeniosos. Los empleados proactivos tampoco tienen miedo de pedir ayuda a sus superiores.

En el siguiente capítulo, aprenderá cómo manejar eficazmente situaciones y personas difíciles en el lugar de trabajo.

Capítulo Tres:
Cómo Manejar Eficazmente Situaciones y Personas Problemáticas en el Trabajo

Sucede en todos los lugares de trabajo; hay al menos una persona con la que trabaja que siempre parece hacer las cosas más difíciles. En algún momento de su carrera laboral, va a trabajar con personas difíciles o tendrá que lidiar con situaciones problemáticas. Puede ser interna o externamente que experimente situaciones o personas difíciles. Sin embargo, eso no significa que tenga que causarle mucho estrés o descarrilar cualquiera de sus objetivos.

Cómo Lidiar con Personas Problemáticas en el Trabajo; Compañeros o Clientes

Si alguna vez ha trabajado en servicio de atención al cliente, es muy probable que haya tenido que lidiar con un cliente difícil. En todos los lugares de trabajo, habrá personas problemáticas con las que tendrá que trabajar. Pueden ser clientes, consumidores, proveedores, colegas o sus superiores (lo cubriremos a continuación).

Aprender a lidiar con personas problemáticas es una habilidad que vale la pena perfeccionar. Aunque aprender esta habilidad puede ser sin duda un reto, también puede resultar muy provechoso.

Cuando aprende a tratar con personas problemáticas en su entorno de trabajo, puede mejorar drásticamente la moral de los empleados y la satisfacción de usted en el lugar de trabajo (Heathfield, 2019). Cuando es capaz de resolver dificultades con un compañero de trabajo problemático, crea un mejor entorno de trabajo general. Las personas problemáticas en el ambiente de trabajo vienen en una amplia variedad, pero la forma cómo los enfrenta depende de usted. Depende de su autoestima, de su confianza en sí mismo, de su valor profesional, así como de la frecuencia con la que tengas que trabajar con esa persona.

Por lo general, es más fácil lidiar con una persona problemática si a otras personas en el lugar de trabajo también les resulta difícil trabajar con ella. Si ese compañero de trabajo es generalmente desagradable u odioso, puede reclutar otros colegas para que le ayuden a resolver la situación. Podría ser prudente involucrar a sus superiores para ayudar a difuminar situaciones tensas o cuando tenga que lidiar con personas problemáticas. Si espera demasiado, las cosas podrían salirse de control y terminar en una situación muy negativa. Esto podría llevar a la persona problemática incluso a socavar la credibilidad profesional de usted, atacarle y hacerle quedar mal.

Incluso podría encontrar situaciones en su trabajo en las que se sientas acosado. Esto puede ser directo y obvio o puede ser mucho más sutil. Podría estar trabajando con un abusivo si regularmente se siente intimidado o teme incluso acercarse a ese empleado. Los abusivos tienden a gritarle a otros empleados, insultarlos, maltratar a la gente física o psicológicamente o amenazar a las personas. Ser acosado en el trabajo no es raro, en realidad sucede muy a menudo. Un abusador podría hablar sobre usted en reuniones, criticar regularmente su trabajo o robarle crédito por sus ideas o desempeño laboral.

Las personas problemáticas en el trabajo también pueden incluir a aquellas que siempre son negativas. Algunas personas, no importa lo que haga, parece que nunca pueden ser positivas. Siempre parecen quejarse de las cosas, no les agrada la compañía, no les agrada su trabajo y es, por lo general, desagradable estar cerca de ellas. Incluso mientras practica positividad, puede ser difícil estar cerca de estas personas porque siempre parecen arrastrar a todo el mundo hacia la negatividad. Su mejor apuesta para lidiar con este tipo de persona problemática es simplemente evitarlos por completo. Si no puede evitarlos y tiene que trabajar con ellos en algún momento, entonces haga todo lo posible para mantenerse positivo.

Hay muchos tipos diferentes de personas problemáticas que puede encontrar en su lugar de trabajo. Algunos de ellos simplemente tienen una personalidad generalmente difícil, mientras que otros parecen centrarse en usted y en sus esfuerzos. Realmente no importa con qué tipo de persona difícil está tratando, evitarlos no será suficiente. Tiene que enfrentarse a la situación y manejarla de frente. La mayoría de las veces, las personas y situaciones problemáticas empeoran si no se abordan.

No querrá dejar sin resolver el problema de lidiar con una persona problemática, ya que sólo le causará ansiedad y miseria. No debe dejar que otros afecten su actitud en el trabajo. Si está siendo tratado de una manera no profesional, haga todo lo posible para entender por qué esto le está sucediendo a usted. No querrá dejar que sus sentimientos se consoliden y lo lleven a ser irracional y por ende reaccionar de una manera poco profesional con esta persona.

Si puede evitar a la persona que le causa estrés en el trabajo, hágalo. Sin embargo, esto no siempre es posible. Si se queja de ellos con otros compañeros de trabajo puede hacerle quedar rápidamente como el malo (o mala) y será etiquetado como un quejoso. Incluso si tiene un gerente o superior que sea muy comprensivo, puede comenzar a preguntarse por qué no puede resolver sus problemas con dicho compañero de trabajo usted mismo. Si otros sienten que no es capaz de manejar a personas problemáticas en el trabajo, también podrían etiquetarlo rápidamente como una persona problemática con quien trabajar. No sólo es un título muy problemático de eliminar, puede causar estragos en su carrera.

En el caso de que haya alguien con quien le resulte difícil trabajar, hay algunos pasos que puede tomar para clarificar que esa sea la situación. Tómese un tiempo para considerar realmente si esa persona es verdaderamente el problema y en realidad es usted. Es difícil de decir, lo sé, pero a veces usted es el problema y ni siquiera se da cuenta. Hable con otro colega de confianza para medir la interacción con la persona. Vea si puede acercarse a la persona con la que está teniendo un problema y si puede hablar con ella sobre sus problemas. Pueden estar haciendo algo que ni siquiera se dan cuenta de que están haciendo. Después de haber hablado con ellos, ¿ha cambiado su comportamiento de alguna manera? ¿Ha mejorado o empeorado? ¿Han empezado a excluirlo o le parece agradable trabajar con ellos ahora?

También puede usar el humor para tratar de disipar una situación tensa. Esto no es eficaz para todos. Algunas personas no son naturalmente humorísticas y al tratar de ser divertidas pueden sonar como si se burlaran de la persona. Si ser gracioso y bromear no es natural para usted, entonces no lo haga.

En caso de que haya tratado de lidiar con la persona problemática por su cuenta sin éxito, podría ser el momento de involucrar a sus superiores. No aborde el inconveniente como un problema personal que tenga con esa persona, sino más bien un problema con la productividad. Asegúrese de ser específico y proporcione ejemplos de cómo ellos están afectando su productividad. Si tienen gerentes diferentes, es aconsejable incluir a los jefes de ambas partes.

En caso de que haya otras personas en el trabajo que están teniendo problemas con dicho empleado, trate de reunirlos. Esto no significa amontonarse contra ellos. Esto significa llevar los problemas que todos ustedes están teniendo con determinada persona a su jefe o al jefe de ella. Esto podría ayudar a convencer a los superiores que realmente hay un problema y no es sólo una persona que molesta con otra.

Cómo Lidiar Con un Jefe Problemático en el Trabajo

Lidiar con jefes problemáticos en el trabajo puede ser un desafío completamente diferente. No puede llevar sus problemas a su jefe porque es él con quien está teniendo problemas. Está destinado a tener que lidiar con un jefe difícil en su carrera laboral en algún momento. Si bien sería genial que cada jefe que tenga sea confiable, competente, amable y justo, probablemente no será la realidad. Un jefe problemático puede afectar drásticamente el compromiso, la productividad y el deseo de los empleados de contribuir al equipo. En términos generales, cuando un empleado toma la decisión de dejar su trabajo a menudo se debe a su jefe, no necesariamente a la empresa o al trabajo en sí. Tener un jefe con el que pueda llevarse bien es fundamental para la satisfacción y retención de los empleados.

Es desafortunado, pero a veces cuando las personas están en una posición de poder abusan de él y pueden llegar a abusar de sus empleados.

Pueden tomar crédito por el trabajo de un empleado, controlarlos y nunca proporcionarles comentarios positivos. Al igual que con los compañeros de trabajo menos que deseables, su jefe podría no darse cuenta de que es malo (Heathfield, 2018).

Las cualidades indeseables en su jefe podrían provenir de la falta de entrenamiento o micro gestión. Es posible que su jefe se sienta abrumado y no sepa cómo dar la dirección o el apoyo adecuados. Si su jefe fue ascendido demasiado rápido, es posible que no se den cuenta de todas sus responsabilidades. Los jefes de una generación diferente y los diferentes orígenes culturales también pueden tener puntos de vista contradictorios y causar fricciones en el lugar de trabajo.

Trate de resolver cualquier problema que esté teniendo con su jefe hablando con él primero. Hágale saber lo que necesita en lo que respecta a la dirección, el apoyo y la retroalimentación. Si tiene acceso a otro gerente, busque un mentor que le ayude a averiguar cómo tratar con su jefe. Sea franco con su gerente y pregúntale cómo puede usted ayudarle a alcanzar sus metas. Esto puede ayudarlos a que se den cuenta de que desea ayudarlos y está dispuesto un esfuerzo adicional.

En caso de que hablar con su jefe no funcione, entonces es posible que tenga que ir por encima de él e ir con su jefe o con recursos humanos para resolver cualquier problema. Si acude al jefe de su jefe o a recursos humanos, es posible que nunca descubra lo que hicieron para resolver los problemas, pero debería darle algo de tiempo para que surta efecto. Si hay otros compañeros de trabajo que han experimentado los comportamientos injustos o groseros de su jefe, trabaje con ellos colectivamente y visite recursos humanos o a su gerente para discutir la situación.

Es necesario que sé de cuenta desde el principio que tiene derecho a trabajar en un entorno seguro y profesional. No se meta en ningún tipo de disputa pública con gritos, pero trata de llamar la atención de su jefe/a sobre su comportamiento en privado, cuando tenga la oportunidad. Si ha realizado intentos de cambio sin ningún éxito, compruebe si puede transferirse de departamento.

Cómo Manejar Diplomáticamente Compañeros de Trabajo Estridentes y Disruptivos

No siempre puede elegir sus entornos de trabajo o quién está presente en su entorno de trabajo. Es posible que quede atascado involuntariamente con alguien que a menudo es ruidoso y disruptivo. Los compañeros de trabajo disruptivos no solo pueden causar estragos en su productividad, sino también causar estrés y tensión indebidas en el lugar de trabajo (Zenbooth, 2019). Si usted está tratando con un compañero de trabajo disruptivo, hay varias cosas que puede hacer con el fin de manejar con tacto cualquier compañero de trabajo estridente y disruptivo.

Trate de manejar el problema desde su extremo. Es posible que no se dé cuenta, pero algunas personas son más sensibles al ruido que otras y si es una de esas personas, alguien que habla a un volumen regular con otros podría parecerle abrumador a usted. Si puede hacerlo, use un par de auriculares con cancelación de ruido y escuche música relajante mientras esté junto a su compañero de trabajo ruidoso. Sólo recuerde que tiene auriculares puestos antes de empezar a hablar con otra persona, no querrá terminar siendo el compañero de trabajo ruidoso.

También es pertinente simplemente ser educado y preguntar si su compañero de trabajo es capaz de mantener el ruido bajo y explique por qué. Tal vez tenga una llamada telefónica importante o algo similar; es una gran excusa para comunicarse con sus compañeros de trabajo y aclarar que el trabajo no necesita ser estridente. Si generalmente tiene sentido del humor, intente hacer una señal linda o divertida para indicarle a sus colegas que bajen el volumen. Sin embargo, esto es sólo realmente una solución a corto plazo si sus compañeros de trabajo son ruidosos o estridentes todo el tiempo.

En términos generales, si usted es una persona bastante educada puede salirse con la suya simplemente pidiendo a los demás que guarden silencio. Hágales saber que realmente disfruta de la cultura de trabajo divertida, pero simplemente se siente un poco abrumado o distraído por lo fuerte que puede llegar a ser a veces. Con suerte, sus colegas serán comprensivos y trabajarán para mantener el área alrededor de su estación de trabajo un poco más tranquila. A menos que sus compañeros de trabajo sean personas malas o no les agrade por alguna razón, deberían acatar educadamente. También puede hacer todo lo posible para que sea una conversación bidireccional y preguntarles si hay algo que usted haga que sea perjudicial para el trabajo de ellos. Esto demuestra que también está teniendo en cuenta su productividad y satisfacción en el lugar de trabajo.

También tiene que asegurarse de que no está reforzando el comportamiento locuaz o estridente de sus compañeros de trabajo. Si usted tiene un compañero de trabajo que es particularmente hablador y está constantemente tratando de hablar con usted, haga todo lo posible para evitarlos educadamente. Cuando alguien está siendo muy hablador, esto es a menudo un comportamiento en busca de atención. Si su compañero de trabajo parlanchín continúa tratando de hablar con usted, responda a cualquier pregunta que tenga con una respuesta corta y concisa, luego vuelva a lo que estaba haciendo y desvíe su contacto visual. Esta es una manera de usar su lenguaje corporal para hacerles saber que la conversación ha terminado. Si siguen tratando de hablar con usted, simplemente hágales saber que tiene mucho trabajo por terminar y que no está tratando de ser grosero, pero necesita concentrarse en la tarea en cuestión.

También asegúrese de que está siendo un buen ejemplo para sus compañeros de trabajo. Si usted es abordado por un colega bastante ruidoso, lleve la conversación a algún lugar donde no interrumpa a otros compañeros de trabajo. Si no quiere llevar la conversación a algún lugar donde no interrumpan a los demás, simplemente pídales que bajen la voz para no molestar a los que están trabajando. Con suerte, esto debería dar un ejemplo a sus compañeros de trabajo estridentes.

Si usted está teniendo dificultades para conseguir que sus compañeros de trabajo permanezcan en silencio cuando tiene que tomar una llamada importante o necesita para hacer su trabajo, entonces, vaya a un lugar tranquilo. La mayoría de los edificios de oficinas tienen salas de conferencias de repuesto u oficinas vacías que puede utilizar de forma regular o en ocasiones, para tomar esas llamadas telefónicas importantes.

Si bien ir con su supervisor o recursos humanos quizá sea una última opción, también podría ser su única opción. A veces no importa lo educado que sea con sus compañeros de trabajo, hay algunas veces en las que simplemente no se preocupan por su trabajo y prefieren molestarle con sus fuertes actividades. El objetivo de recursos humanos siempre debe ser proporcionar a todos un entorno de trabajo armonioso. Recursos humanos debe ser capaz de manejar la situación con tacto y abordarla de manera general en lugar de señalar a alguien como el ruidoso o la persona que presenta la queja.

Cómo Manejar Situaciones Problemáticas en el Trabajo y Mantener la Calma

Una cosa es tratar con personas o jefes problemáticas en el trabajo, y otra lidiar con situaciones difíciles. Pueden surgir situaciones problemáticas con los clientes, con otros compañeros de trabajo, con los proveedores o su jefe. Situaciones difíciles en el trabajo, al igual que con las personas problemáticas, causan estrés y ansiedad. Las situaciones de trabajo difíciles son causadas por la falta de control. Puede sentir que todo el mundo quiere atraparlo y que no hay nada que pueda hacer al respecto. Sin embargo, ¡hay cosas que puede hacer al respecto!

Incluso si generalmente eres una persona sensata, el entorno de trabajo puede obtener lo peor de usted. Reprimir todas las frustraciones del trabajo no va a beneficiar a nadie. Es probable que termine sacando su ira y frustraciones con miembros de la familia ajenos a la situación, como sus hijos o pareja. Si bien todos sabemos que el ejercicio tiene muchos beneficios, uno más es ser capaz de manejar mejor las situaciones de trabajo difíciles. Si usted es capaz de dar una caminata enérgica o una carrera rápida antes de ir a trabajar, no sólo puede proporcionarle claridad mental, sino también darle un poco de energía para el día. Puede liberar fácilmente toda la tensión que está reprimiendo en el trabajo haciendo ejercicio durante unos 30 minutos por día. Puede que requiera despertar un poco antes, pero le prometo que los beneficios superan con creces las molestias de levantarse un poco antes. Cuando tienes energía para el día y tu mente está clara, eres capaz de enfocarte mejor y no actuar irracionalmente y ser competente de lidiar con calma compañeros y situaciones de trabajo problemáticas.

También podría ser beneficioso obtener una opinión externa de la situación. Cavilar situaciones puede atrapar su mente en una continua espiral descendente. Puede parecer que a veces no puede escapar de su vida laboral y que toda su vida gira en torno a su trabajo. Puede llegar a ser muy abrumador cuando el único punto de vista de la situación es el suyo. Si encuentra su lugar de trabajo problemático, ¡entonces salga! No estoy diciendo que deba renunciar, lo que estoy diciendo es que debería encontrar una manera de salir del trabajo y liberar su mente del trabajo. Conozca a un amigo que no sea su compañero de trabajo para almorzar o ir a dar un paseo. Un amigo con el que no trabaje podría ofrecer una perspectiva externa de la situación. Usted puede decirles exactamente cómo se siente sin tener que preocuparse por cualquier reacción de su empleador o compañeros de trabajo.

Al igual que cavilar las cosas, también es posible sobre analizar su situación. Gran parte del estrés y la ansiedad por su situación laboral podrían deberse a la sensación de no ser capaz de salir de una situación difícil. Su mente puede ser muy poderosa, ya sea en una manera positiva o negativa. Es fácil quedar atrapado en el patrón de cavilar y tratar de averiguar todo lo que está pasando en el trabajo, como a quién está favoreciendo su jefe actualmente o por qué parece que siempre termina usted en situaciones problemáticas allí. Lo que quizás no se dé cuenta es que la mayoría de las situaciones se deben a un sobreanalizar las cosas y todo está en su cabeza. Muy a menudo estas situaciones de trabajo difíciles no son reales como tal, sino más bien su mente divagando libremente. Convierta esos pensamientos negativos sobre su trabajo en acciones. Concéntrese en su trabajo. Encuentre una tarea dentro de un proyecto y lánzate a ella. Concéntrese en hacer contribuciones a su lugar de trabajo y recupere el control de las situaciones a las que se enfrenta en el trabajo (Miglani et al., 2019)

Cómo Superar las Habilidades de Comunicación Deficientes de sus Compañeros de Trabajo

Incluso si se ha convertido en un comunicador de primera clase en su lugar de trabajo, es poco probable que todos sus compañeros de trabajo sigan su ejemplo. Si bien ser capaz de comunicar algo a su equipo debe parecer un proceso simple, hay varias cosas que pueden interferir con la clara recepción de un mensaje.

Hay ciertas maneras de saber si usted está trabajando con un comunicador deficiente. Si la persona con la que estás hablando no parece estar comunicándose con usted o no le está dando retroalimentación, es probable que no sean excelentes para comunicarse. Esto también puede suceder si tiene un colega que no recibe retroalimentación alguna (Desconocido, 2019). Puede que hablen demasiado y usted ya debe saber que cuando se trata de comunicación eficaz se tiene que escuchar el doble de lo que se habla.

También puede descubrir que su compañero de trabajo carece de habilidades de comunicación eficaz si utilizan directivas de "tú" en lugar de enunciados con "yo". Por ejemplo, "*tú nunca terminas tu parte del proyecto a tiempo*". Un ejemplo de uso de un enunciado con "yo" sería algo así como; "*Yo siento que estoy asumiendo más responsabilidad por el proyecto*". El uso de enunciados con "tú" puede hacer que esas personas de las que están hablando se sientan cuestionadas en lugar de integradas en la conversación. También podrían sentir que se les está culpando en lugar de tener un tono neutro. ¿Reaccionan sus compañeros de trabajo a las ideas que se les presentan descartándolas o se involucran en una discusión sobre la idea? Si cierran automáticamente a la idea, entonces no son muy buenos comunicadores.

Los comunicadores deficientes realmente nunca abordan el problema, sino más bien a las personas. Además de descartar una idea, también podrían menospreciar a las personas que la presentaron. Un empleado nunca va a obtener resultados positivos lanzando comentarios negativos a otros compañeros de trabajo. Las personas que son comunicadores deficientes también ignoran o invalidan los sentimientos de sus compañeros de trabajo. También podrían usar una charla pasivo-agresiva o el sarcasmo como una forma de responder a las interacciones profesionales y personales (Desconocido, 2019).

Puede trabajar para superar a los comunicadores pobres animándolos a utilizar habilidades de comunicación eficaz. No los culpe, sólo tiene que darles un buen ejemplo de comunicación eficaz y señalar sutilmente las áreas que podrían mejorar.

Cómo Evitar que la Gente Malgaste su Tiempo en el Trabajo

No importa quién sea, el tiempo es la mercancía más preciada. En un entorno de trabajo hay un montón de maneras en las que la gente puede malgastar su tiempo, por ejemplo, no presentarse a una reunión (y no tener la cortesía de cancelar por adelantado) (Galek, 2019), paralizar su trabajo con incompetencia o interrumpir su trabajo de otras maneras. La gente también puede malgastarle su tiempo al ser devoradores de tiempo. Esto puede suceder si usted es una persona especialmente agradable que quiere ayudar a la gente; se pueden aprovechar fácilmente de usted. Como colega y especialmente si eres un líder, hay un delicado equilibrio entre ayudar a los demás y que malgasten su tiempo.

El tiempo es preciado; nadie tiene tiempo ilimitado para ayudar a los demás, por lo general tienen su propio trabajo que hacer. Podría pensar que está siendo útil y receptivo con sus colegas y sus necesidades, y por supuesto, va a beneficiar a la empresa, ¿verdad? No siempre es el caso. No puede siempre decir "sí" a cada persona en cada ocasión. Cuando su tiempo lo ocupa alguien o una cosa, usted no es capaz de dar su tiempo a otras personas o tareas más importantes. Si siempre son los mismos colegas que acuden a usted en busca de ayuda en ciertas cosas, aprenderán a volverse dependientes de usted en lugar de tratar de resolver por sí mismos; lo que puede convertirse en un círculo vicioso. Estos colegas también están perdiendo su propio tiempo al tener que comunicarse con usted en cada momento y al no ser capaces de resolverlo por su cuenta. Tal vez en lugar de resolver algo por su cuenta, lo posponen hasta que pueda ayudarlos (Stachowiak, 2019). Esto puede malgastar su tiempo, el tuyo y el de la compañía.

Si bien podría querer ayudar a sus colegas, tiene que haber reglas y límites establecidos para evitar que las personas malgasten su tiempo y para que los proyectos sigan avanzando. Sin importar que sea un líder o no en su organización, está por demás decir que siempre debe hacer un llamado a otros para evitar la pérdida de tiempo. Tiene que ser inteligente sobre su tiempo y cómo lo gasta para que no esté "ocupado" todo el día sin hacer nada. Aquí hay algunas estrategias para ayudarle a hacer más durante el día y asegurarse de que usted tampoco sienta que está decepcionando a sus compañeros de trabajo:

1) Trate de agendar citas con sus compañeros de trabajo (Stachowiak, 2019). Esto puede funcionar de dos maneras diferentes. Si necesita tener una discusión más larga con alguien o si una persona necesita tener una discusión más larga con usted. Si un compañero de trabajo se acerca a usted y está claro que su conversación va a tomar más de cinco minutos, entonces puede agendar una cita con ellos para discutir completamente el tema en cuestión. Estoy segura de que ha tratado con personas como esta anteriormente; dicen que sólo va a tomar unos minutos, pero en realidad, toma mucho más tiempo. Establecer una cita no sólo le beneficiará a usted, también a ellos. Cuando posee el tiempo para tener una discusión es capaz de estar presente en lugar de pensar en cuando esta persona va a dejar de hablar. Hacer una cita con alguien para discutir un tema permite que ambas partes obtengan respuestas a todas sus preguntas y sean capaces de enfocarse en los factores más importantes de la discusión.

2) Si alguien parece seguir acudiendo a usted para pequeñas cosas aquí y allá durante todo el día, pídales una lista. Cuando piensen en algo que necesiten discutir con usted, pídales que lo escriban en una hoja de papel o en un documento compartido. Si la discusión no es urgente, entonces debe acceder a su lista y establecer una cita para tener una discusión sobre los temas con ellos. Esto funciona bien porque puede enviarles un horario de reunión con antelación para asegurarles que tendrán respuestas a todas sus preguntas

3) Cuando establezca una reunión o cita con alguien, asegúrese de que está estableciendo un límite de tiempo y ¡apéguese a él! Mientras que establecer una reunión puede ayudar a evitar la pérdida del tiempo, también puede ser contraproducente para usted. Si fija una reunión de 30 minutos, y 90 minutos más tarde sigue discutiendo temas, esto boicotea el propósito de tener una reunión establecida en primer lugar. Si se encuentra a media reunión y se da cuenta de que va a tomar mucho más tiempo resolver los problemas en cuestión, mejor establezca otro momento para hablar. Una táctica que puede usar para asegurarse de que sus reuniones no se prolonguen es agendar otra cita justo después para que esté obligado a terminar la reunión a tiempo.

4) Asegúrese de que está haciendo preguntas para ayudar a sus colegas a tratar de resolver sus propios problemas. Aunque puede sentirse muy bien cuando otros acuden a usted en busca de respuestas, la gente necesita averiguar cómo resolver sus propios problemas. Dar a la gente las respuestas todo el tiempo no va a ayudarles a largo plazo y sólo hará que dependan de usted. No haga el trabajo de los demás por ellos. Incluso si usted no es técnicamente un líder dentro de su organización, todavía puede actuar como un líder y poseer cualidades de liderazgo. Puede proporcionar orientación o tutoría a sus colegas, pero no hagas su trabajo o les de todas las respuestas.

5) Cuando no le da a la gente todas las respuestas, también tiene que estar seguro de que está ayudándoles a encontrar soluciones. A veces la gente sólo necesita desahogarse, y eso está bien. Sin embargo, la conversación que comparten debe centrarse en encontrar soluciones en lugar de simplemente quejarse o desahogarse. Si usted y su colega no pueden encontrar una solución, pídales que programen otra cita con usted cuando hayan encontrado una solución al problema. Esto puede ser difícil al principio, pero le indicará a sus compañeros de trabajo que toma su tiempo con seriedad y no va a esperar a que acudan con usted a quejarse.

Resumen del Capítulo

Independientemente del lugar de trabajo, usted está obligado a convivir con personas o situaciones problemáticas. Ya sea que esté tratando con clientes, consumidores o proveedores, seguramente habrá situaciones difíciles que surjan y personas difíciles con las que tenga que trabajar. Cuando sea capaz de manejar a personas problemáticas de una manera sutil, mejorará su moral y satisfacción general en el lugar de trabajo. Cuando practica regularmente la positividad en el trabajo, elimina la negatividad de los demás y es capaz de defenderse de sus actitudes negativas. Si bien es ideal evitar a las personas problemáticas por completo, podría no ser siempre una opción. En el peor de los casos, tendrá que convocar a su equipo administrativo o a recursos humanos para ayudarlo a resolver un problema difícil o para lidiar con una persona problemática.

En la desafortunada circunstancia de estar atrapado con un jefe muy difícil, siempre puede tomar la ruta de "matarlos con amabilidad". Sin embargo, tener un jefe difícil puede hacer que una situación laboral sea muy angustiosa, ya que podría tener que ir por encima de él, con su jefe o recursos humanos. A menudo las personas abandonan un trabajo que aman o una empresa para la que les gusta trabajar sólo porque la persona a la que informan directamente es alguien problemático con quien trabajar. Desafortunadamente, las personas en posiciones de poder pueden abusar de esa posición, causando angustia y frustración entre su equipo.

También podría encontrarse con el problema de tener que lidiar con compañeros de trabajo estridentes y disruptivos, especialmente si no tiene su propia oficina. Lo mejor es manejar a estas personas y situaciones con afinidad y humor cuando sea posible. Asegúrese de que está dando un buen ejemplo a sus compañeros de trabajo y busque ubicaciones más tranquilas si es necesario.

Lidiar con situaciones difíciles en el trabajo puede desembocar en altos niveles de estrés y ansiedad. Los entornos de trabajo llenos de ansiedad pueden sacar lo peor, incluso de las personas más sensatas. Haga todo lo posible para mantenerse enfocado en su trabajo y hacer contribuciones positivas a su organización.

Si realmente ha estado practicando sus habilidades de comunicación eficaz, es probable que comience a darse cuenta de lo ineficaces que son las habilidades de comunicación de otras personas. Puede animar a sus colegas a mejorar sus habilidades de comunicación utilizando enunciados con "yo", dando comentarios positivos y centrándose en el problema en vez de la persona o personas involucradas en él.

Otro problema muy grande que a menudo puede surgir en el trabajo es que otras personas malgastan su tiempo. Si tiene un colega que constantemente pide unos minutos de su tiempo y que se convierten en 45 o 60 minutos, pídele que programe una reunión con usted para poder discutir todas sus preocupaciones. También puede hacer que su colega haga una lista de las cosas que quiera discutir con usted con el fin de acelerar su interacción y abordar todas sus preocupaciones. No olvide apegarse a sus horarios de reunión y no deje que lo acosen para que malgaste su tiempo satisfaciendo las necesidades de sus compañeros de trabajo.

En el siguiente capítulo, aprenderá consejos y trucos para ser el líder más eficaz que pueda ser.

Capítulo Cuatro: Cómo Ser el Líder más Eficaz Posible

Su reseña realmente hará una diferencia para mí y me ayudará a ganar difusión para mi trabajo.

¿Qué significa para usted ser un líder eficaz? Las empresas se basan en un liderazgo exitoso. Los líderes deben ser flexibles y capaces de adaptarse fácilmente a las situaciones (Daskal, 2019). También necesitan ser capaces de delegar tareas de manera efectiva. Un líder eficaz también necesita ser carismático, así como un comunicador eficaz. Deben ser capaces de establecer metas de manera efectiva y ayudar con el avance de sus equipos, inspirando y liderando con una visión compartida. Y por supuesto, ¡ser capaz de tomar acciones!

Cómo llegar a ser un líder más carismático

Cuando piensa en alguien que es carismático, ¿quién viene a su mente? ¿Winston Churchill, Richard Branson?

A menudo la gente piensa que ser carismático es algo con lo que se nace. Sin embargo, puedes aprender a ser carismático con un poco de práctica. Los líderes carismáticos son influyentes, persuasivos e inspiran a los demás. Las personas se siente atraídas por la gente carismática; quieren ser parte de su círculo de influencia, quieren aprender de usted (Giang, 2019). Los líderes carismáticos no requieren una larga lista de calificaciones o educación para calificarlos como fiables (Desconocido, 2015).

Alguien carismático sabe cómo hacer que los demás lo perciban como inteligente, impresionante y fascinante (Giang, 2012). Las personas que son carismáticas tienen una manera de inspirar a los demás y hacer que se sientan bien consigo mismos. Los líderes carismáticos están presentes con su audiencia. Puede hacer una pausa antes de responder o hacer preguntas a las personas con las que está hablando. No esté simplemente esperando a que alguien termine lo que está diciendo antes de empezar a hablar;

piense en su respuesta mientras tanto. Asegúrese de que su cara muestre algún tipo de interés y no esté sentado allí con la mirada perdida en el rostro, esto no le va a conseguir ningún fan.

Hay varias cosas que puede hacer si quiere convertirse en un líder más carismático. En primer lugar, tiene que construir una conexión con su audiencia. Algunos eligen liderar usando sólo su autoridad; esto deja a sus colegas y a esos empleados que le informan, la sensación de que usted es el jefe y deben permanecer bajo su mando. Los líderes carismáticos son capaces de conectarse con personas en varios niveles, a veces incluso a nivel personal. Hable con la gente y conózcala. A las personas les encanta hablar de sí mismas o de sus hijos. También es beneficioso pedir la opinión de sus colegas. No escupa sus demandas y espere que la gente las siga. Pregúnteles sus opiniones y si sienten que las cosas van en la dirección correcta. Hacer esto de forma ocasional hará que los miembros de su equipo sepan que su líder está allí para hacer algo más que simplemente dirigirlos, está allí para escucharlos y aprender de ellos.

Los líderes carismáticos ponen a la gente a gusto y no hacen que su audiencia o colegas se sientan demasiado serios. Aplastan la tensión con humor ligero y, al mismo tiempo, se aseguran de que su equipo siga siendo productivo. Si bien es un equilibrio delicado, un líder bueno y carismático es capaz de mantener un equilibrio entre ser demasiado serio y ser demasiado despreocupado. Como líder carismático, usted puede compartir historias que muestren su vulnerabilidad y que es humano también. Los líderes que poseen mucha confianza y son muy agradables a menudo son vistos como carismáticos. El carisma es también una cualidad que poseen las personas que son capaces de influenciar a otros con sus argumentos hasta convencerlos con su punto de vista. Con gran confianza también viene una gran humildad y un líder carismático entenderá que no es la persona más inteligente en la habitación. Esto ayuda a brindar confianza al equipo y a las personas del mismo al empoderarlos.

La fiabilidad y no quebrantar sus promesas es también otro rasgo de líderes carismáticos. No hay nada peor que un líder que dice que va a hacer una cosa y termina haciendo otra, quebrando la confianza de su equipo. Los líderes carismáticos también tienen un compromiso muy fuerte con sus metas y lideran con el ejemplo. ¡No les importa estar en las trincheras con su equipo y están ahí para completar el trabajo! También son capaces de motivar a su equipo para que hagan lo que se necesita.

Lo Esencial para Convertirse en un Comunicador Experto

En cualquier negocio, aprender a convertirse en un comunicador experto es fundamental. Al igual que con cualquier habilidad, puede aprender a comunicarse eficazmente con unas pocas tácticas simples. En primer lugar, necesita descubrir su propia voz individual. Todo el mundo tiene una personalidad diferente y cómo interactúa y habla con la gente lo diferenciará de los demás. Otras personas lo reconocerán por su voz, su tono y cómo se expresa verbalmente (Adams, 2019). Destaque sin ser arrogante u odioso.

Dominar la comunicación también requiere confianza. La confianza representa que entiende lo que está hablando y que es capaz de comunicar su mensaje a los demás. Incluso si usted es generalmente introvertido, puede hablar con confianza. Las personas con las que habla son capaces de decir si está seguro de lo que dice o si sólo está tratando de evitar parecer un tonto. No importa la situación en la que se encuentre, debe mantener la confianza.

Cuando se comunique con otras personas, no debe preocuparse por hablar rápido, sino más bien ralentizarse un poco. Aquellos con los que se está comunicando necesitan ser capaces de entender lo que está diciendo. Hablar rápido no es necesario en la mayoría de los casos y en realidad puede derivar en una comunicación errónea. Sus comunicaciones también deben tener un propósito (Adams, 2019). Debe ser capaz de compartir su mensaje con los demás de una manera eficaz mediante la representación de un enfoque claro.

Los comunicadores expertos también son capaces de interactuar con su audiencia. Ser un comunicador experto no siempre se trata de la persona que habla, sino también de las personas o persona con la que está hablando. Interactuar con las personas, decir sus nombres, hacer contacto visual, estrechar la mano, etc. les hace saber que se preocupa por su mensaje y cómo lo reciben.

Cómo los Líderes Establecen Metas Efectivamente

Si usted es un empleado que se esfuerza por ser un líder o que ya está liderando un equipo, establecer metas dentro de su organización es importante. Fijar metas como líder puede ser aún más importante, ya que no solo está estableciendo metas para usted mismo, sino también para su equipo. Al igual que con muchos otros objetivos en la vida, debe establecer metas

S.M.A.R.T.: Específicas, Cuantificables, Alcanzables, Realistas y con Plazos Determinados (por sus siglas en inglés). Estos objetivos son los que puede establecer usted mismo o con su equipo. Debe centrarse en no más de cinco en un período de 12 meses y deben ser muy claros (Peck, 2017).

Establecer metas es importante para los líderes por varias razones. Fijar objetivos muestra que usted, como líder, es competente para conseguir resultados de rendimiento. Establecer y alcanzar metas con su equipo infunde confianza en usted y en sí mismos. Cuando vean que ellos pueden establecer y lograr resultados específicos, querrán seguir alcanzando más objetivos.

Cuando establece metas para su equipo, ayuda darle dirección a cada persona. Cada individuo involucrado debe entender su parte en la meta y orientar sus esfuerzos para lograr el objetivo. Cuando usted, como líder, establece metas y su equipo trabaja para lograrlas, le permite también evaluar sus habilidades al mismo tiempo. Establecer y alcanzar metas también muestra apropiación de objetivos y proyectos.

Las metas S.M.A.R.T. son siempre la forma más segura de establecer metas ya sea por usted mismo o cuando trabaja con un equipo. Recuerde que sus metas de S.M.A.R.T. deben ser específicas, cuantificables, alcanzables, orientadas a resultados y con tiempo fijado. No puede decir, "¡vamos a conseguir más clientes!" y usarlo como objetivo. Una meta S.M.A.R.T. para conseguir más clientes sería algo así como: "Hacer X número de llamadas de ventas salientes por día, hacer un seguimiento con X número de clientes actuales y trabajar para obtener X número de ventas por semana/día." Aunque no todos sus objetivos estarán completamente en sus manos y podrían depender de factores externos (como clientes), tener una meta S.M.A.R.T. ayuda a que esos objetivos sean específicos y fáciles de entender para todos.

Además de centrarte en las metas S.M.A.R.T., también tiene que darse cuenta de que hay dos tipos diferentes de objetivos, de rendimiento y de aprendizaje (Desconocido, 2018). Los objetivos de rendimiento se centran en objetivos finales y resultados específicos, como conseguir más clientes o crear un nuevo prototipo. Los objetivos de aprendizaje se centran en la creatividad y en el desarrollo de habilidades, como aumentar su inteligencia emocional u otras habilidades interpersonales. Siempre que sea posible, haga que las personas de su equipo le ayuden con a establecer metas. En términos generales, cuando alguien ayuda a construir su propia meta, estará más comprometido con ella.

Cómo Aclarar Sus Valores En El Trabajo

Sus valores son cosas a las que debe adherirse tanto dentro como fuera del trabajo. Son creencias e ideas que ha identificado como principios fundamentales y que son parte integral de quién es. Sus valores pueden ser cosas como la honestidad, la humildad, la autoestima, el respeto a los demás o el éxito (sin importar cómo lo defina). Antes de elegir su carrera y/o aceptar un trabajo, debe tener sus valores definidos. No se preocupes, no es demasiado tarde para empezar a definir sus valores.

Hay dos tipos diferentes de valores, intrínseco y extrínseco (Rosenberg McKay, 2018). Los valores intrínsecos, al establecer valores en el trabajo, son aquellos que tienen que ver con las tareas de trabajo realizadas. Ejemplos de valores intrínsecos dan como resultado la satisfacción y el compromiso laboral. Los valores extrínsecos son los resultados de los derivados de su trabajo. Esto se refiere a lo que obtiene de su trabajo, no lo que aporta. Los valores extrínsecos incluyen cosas como su salario, seguridad laboral y reconocimiento.

Si bien es una buena práctica identificar sus valores de trabajo temprano en su carrera laboral, no es demasiado tarde para identificarlos ahora. Hay un inventario simple que puede hacer para acceder a sus valores laborales, definiéndolos y enumerándolos del uno al diez. Esto se denomina inventario de valores laborales (Rosenberg McKay, 2018). Anote diez de sus valores y enumérelos del uno al diez siendo uno el más importante y el diez menos importante. Si bien puede contratar a un profesional para hacer un inventario de valores laborales por usted, también puede completar uno fácilmente por su cuenta. Aunque pueda permanecer dentro de la misma profesión, diferentes trabajos requieren diferentes valores. Si valora trabajar con otros, un trabajo con mucha autonomía probablemente no va a encajar bien con sus valores.

Si está teniendo dificultades para concebir valores en el lugar de trabajo, entonces aquí hay una lista de algunos para que pueda comenzar:

- Éxito

- Reconocimiento

- Relaciones

- Independencia

- Apoyo

- Autonomía

- Condiciones de trabajo

- Ayudar a otros

- Prestigio

- Colaboración

- Seguridad Laboral

- Salario o compensación

- Usar sus habilidades o conocimientos

- Liderazgo

- Influencia

- Creatividad

- Variedad

- Desafíos

- Oportunidades

- Ocio

- Expresión Artística o Creativa

Aunque definir sus valores es importante, no debe aislarlos de otros factores de su vida laboral, como su personalidad, habilidades o aptitudes e intereses.

Cómo Encontrar su Voz en el Trabajo y ¡Usarla!

Para muchos, hablar en el trabajo puede ser un desafío. Algunas personas muy brillantes, inteligentes y dogmáticas, con grandes ideas se quedan en silencio debido a un miedo o una batalla interna que los mantiene en silencio. La gente puede tener su voz en el trabajo sofocada por la intimidación, la falta de respeto, el miedo al rechazo, el miedo a la confrontación, no querer llamar la atención sobre sí misma, o por tener miedo de parecer estúpida o a que nadie los escuche aunque intentan hablar (Scivique, 2010).

¡Tener una voz en el trabajo es importante porque usted lo merece! Cuando comparte sus pensamientos con sus superiores o con sus colegas, muestra que está comprometido con su trabajo. Debería, siempre y cuando esté comprometido con una voz positiva, llamar la atención positiva hacia usted. Ganará más respeto de sus colegas y su equipo de administración. Su trabajo se volverá más estimulante a medida que se involucres más. ¡Y aprende más! Cuando se compromete con su trabajo, sus superiores lo notarán y tendrá acceso a más oportunidades dentro de su lugar de trabajo. Hay algunas cosas que puede hacer para encontrar su voz en el lugar de trabajo y empezar a usarla para que otros lo noten a usted de una manera positiva.

Con el fin de encontrar su voz, necesita practicar muchas de las habilidades necesarias para convertirse en un buen comunicador. Primero tiene que aprender a escuchar. Realmente tiene que escuchar lo que otros están diciendo antes de hablar o dar su opinión. Desea que su contribución sea útil y no entorpezca la conversación. Tampoco querrá distraerse o salirse del tema. También necesita ser selectivo con lo que dice. Si solamente da su opinión sobre todo lo que los demás tienen que decir, entonces van a dejar de escucharle.

Siempre debe estar seguro de que está eligiendo el momento y el lugar adecuados para usar su voz. Tome nota de lo que está pasando a su alrededor antes de empezar a hablar. Si hay tensión en la habitación, es posible que desee esperar un momento diferente para hablar con alguien o solicitar una conversación privada en su lugar. Si tiene algo importante que decir, una habitación estridente llena de personas puede no ser el mejor lugar para hacerlo.

Todas las conversaciones de negocios deben tener un tono profesional, con un lenguaje neutro y no prejuicioso. Si usted está hablando en un tono que está provocando que la gente se sienta atacada, es probable que se cierren y se vuelvan defensivas. El uso de una voz educada y las etiquetas sociales básicas pueden contribuir significativamente.

Aunque sería genial que sus colegas y sus superiores le escucharan sólo porque es usted, no es un escenario probable. Aunque merece que le escuchen, a veces necesita mostrarle pruebas a la gente. Pruebas de que lo que está diciendo es válido o que va a funcionar de la manera en que está diciendo. Recopile información para apoyar su idea y presente datos a las personas siempre que sea posible. A pesar de que usted puede confiar en su instinto, es poco probable que otros lo hagan. Y en general, evite ser un hablador. Si bien es genial poder expresar opiniones e ideas, hablé de una manera clara y concisa. Dé una voz a sus pensamientos y deje de hablar. Necesita darles tiempo a los demás para reflexionar sobre lo que ha dicho y luego pedirles sus opiniones y comentarios.

Consejos De Liderazgo Para Inspirar Una Visión Compartida

Una visión compartida es similar a una meta. Se define con una meta final en mente, para la cual el equipo trabaja en conjunto sobre objetivos para lograr esa visión. Inspirar una visión compartida ayuda a los empleados a ver el profundo significado de su trabajo en lugar de simplemente hacer la rutina diaria. Hay dos cosas principales que los líderes pueden hacer para ayudar a inspirar una visión del futuro; definir la visión y llevar a otros trabajando hacia la visión del futuro (Mugavin, 2019).

Con el fin de inspirar una visión para el futuro, mire las metas pasadas y presentes de la organización y cómo estas pueden ayudar a informar la visión del futuro de la organización. Involucre a sus colegas y miembros del equipo en el proceso y pregúnteles sobre sus metas y aspiraciones y cómo pueden encajar en las metas más grandes de la organización. Concéntrese en cómo la visión compartida del equipo u organización les ayudará a alcanzar sus metas individuales. Y no olvide consultar regularmente con su equipo para ver cómo está progresando la visión compartida.

Cuando esté verificando regularmente a su equipo acerca de su visión compartida, asegúrese de reflexionar sobre lo que ha funcionado, lo que no ha funcionado y lo que podría hacer de diferente.

- ¿Cómo hablan sus colegas y miembros del equipo sobre su visión de futuro?

- ¿Cuáles son los objetivos generales para el equipo?

- ¿Cómo encaja cada persona en la visión del futuro?

- ¿Cómo puedo, como líder, incluir a otros para que formen parte de esta visión para el futuro?

- Como equipo, ¿pensamos en el futuro con suficiente frecuencia?

Tener una visión compartida, como líder, lo convierte en un visionario.

Cómo Ser un Gran Líder y Tomar Acción

A menudo ponemos a los líderes en un pedestal sin darnos cuenta de todas las decisiones difíciles que podrían tener que tomar. Vemos a los líderes como si tuvieran todas las respuestas, pero no nos damos cuenta de los enormes errores que pueden cometer y los costosos fracasos que podrían haber cometido en el pasado. A menudo pensamos que el liderazgo es sencillo y es natural en la gente, cuando en realidad, ser un líder no es un accidente. Los líderes deben estar preparados y firmes a la hora de tomar decisiones (Whalen, 2018). Realmente no importa qué decisión tome, siempre va a haber alguien que no esté contento con ello.

Establecer lo necesario para el éxito es algo donde los líderes sobresalen. Acuerdan por adelantado con sus empleados ser capaces de responsabilizarlos. Esto permite a las personas saber de antemano que serán regañadas si no aportan su parte. Los líderes que toman acción no siempre tratan a todos de la misma manera, pero siempre tratan a todos con respeto, incluso si no necesariamente lo merecen. Los líderes están ahí para ayudar a cada empleado a alcanzar su potencial, pero no precisamente para ayudarlos a llegar a la cima de la organización.

Los líderes que toman acción y consiguen resultados siempre están orientando a sus empleados. Estos necesitan ser capaces de saber cómo maximizar su tiempo de manera efectiva y sus habilidades. Al entrenar a otros, necesita tener un alto nivel de humildad. Si usted siendo el líder, hace algo mal, necesita ser el primero en admitirlo y asumir la responsabilidad de sus acciones.

Además, los líderes que toman acciones también saben la importancia de la superación personal, el desarrollo personal y profesional. Ser un líder no es un destino, sino más bien un viaje. Como líder, usted afecta a otras personas de maneras que pueden tener un impacto duradero, y tal vez sin darse cuenta. Si no duerme lo suficiente y está malhumorado para alguno de sus empleados, es posible que se estresen y arruinen algo dentro del proyecto. Por lo tanto, como líder, debe cuidar y darse cuenta de que sus acciones y actitud impactan más allá de usted.

Hay tantos líderes e innovadores famosos que simplemente no sabían cómo rendirse y, por lo tanto, aprendieron de sus errores anteriores. Hay una famosa cita de Thomas Edison: "No he fallado. Acabo de encontrar 10.000 maneras que no funcionan". Esto realmente encarna el concepto de que las personas deben ser capaces de aprender de sus errores y utilizar eso para crear un mejor ambiente de trabajo y desarrollar habilidades de liderazgo de mejor calidad.

Los grandes líderes que toman acciones también son empáticos y piden la opinión de su equipo antes de tomar decisiones. Los empleados pierden la confianza en su líder cuando las cosas cambian y aparentemente no tienen control sobre ello, como planes de compensación o cambios en un proyecto. Incluir a su equipo en el proceso de toma de decisiones puede ser provechoso para cimentar la confianza con su equipo. De esta manera, cuando tenga que tomar decisiones sin consultarlas primero, confiarán en su decisión.

Un buen líder debe ser capaz de tomar acciones y buscar a personas a quienes darle una responsabilidad cada vez mayor. Cuando los miembros del equipo están empoderados, irán más allá de lo que se les pide con tal de cumplir las expectativas. Los líderes también piden opiniones cuando toman acciones. Cuando los líderes toman acciones también necesitan humildad para recibir elegantemente las críticas de los miembros de su equipo.

Por último, los líderes deben estar preparados para tomar acciones y luego, ¡salir del camino! Tomar acciones también significa darse cuenta de que no tiene todas las respuestas y que algunas personas están mejor capacitadas que usted para hacer ciertas cosas.

Resumen del Capítulo

Todos son cautivados por un gran líder; alguien que es carismático, que puede influir fácilmente en su punto de vista y que puede asombrar a una audiencia, los líderes que son carismáticos son capaces de influir, persuadir e inspirar a los miembros de su equipo. Hay varias cosas que puede hacer si quiere convertirse en un líder carismático:

- Cree una conexión con su audiencia.

- Sea digno de confianza y mantenga sus promesas.

- Muestre humildad y vulnerabilidad.

- Tranquilice a su público.

- Conéctese con su audiencia en varios niveles.

- Mantenga un delicado equilibrio entre serio y tranquilo.

- Tenga confianza sin ser arrogante.

- Entienda que usted no es la persona más inteligente de la habitación.

- Muestre su fuerte compromiso con sus metas y lidere con el ejemplo.

- Entre a las trincheras con su equipo y haga las cosas.

Cuando se haya convertido en un comunicador experto, podrá comunicarse con una voz distintiva que otros reconocerán. Haga contacto visual, dé la mano y haga saber a los demás que se preocupa por el mensaje que está enviando.

Los líderes también son versados en establecer de metas tanto para ellos como para sus equipos. Trabajan en el establecimiento de metas S.M.A.R.T., lo que significa que son específicas, cuantificables, alcanzables, orientadas a los resultados y con plazos definidos. Los grandes líderes también son conscientes de los diferentes tipos de metas, el rendimiento y el aprendizaje.

Los grandes líderes también tienen valores claramente definidos y trabajan constantemente en función de ellos. Es ideal que tenga sus valores claramente definidos antes de salir y buscar un trabajo, pero nunca es demasiado tarde para empezar a definir sus valores de trabajo. Los valores comunes en el lugar de trabajo incluyen el éxito, la independencia, el apoyo, la autonomía y la influencia.

Para muchas personas, hablar es un reto. Pero recuerde que tiene una voz y merece que le escuchen. Cuando expresa sus preocupaciones, demuestre que está comprometido con su trabajo y no tiene miedo de llamar la atención positiva hacia usted. Antes de encontrar su voz, debe asegurarse de que está escuchando, querrá asegurarse de que esté contribuyendo en lugar de obstaculizar el proceso. También tiene que ser selectivo sobre el momento y el lugar en el que use su voz. Todas y cada una de las conversaciones relacionadas con los negocios deben tener un tono profesional y garantizar las etiquetas sociales básicas.

Los líderes también deben ser capaces de inspirar una meta compartida. Pueden hacerlo consiguiendo que sus colegas y miembros de equipo participen en el proceso. Cuando esté consultando con su equipo sobre su visión compartida, siempre asegúrese de reflexionar positivamente sobre el trabajo que han hecho juntos.

Finalmente, los grandes líderes son aquellos capaces de tomar acciones sin sacrificar su integridad. Ser un líder no es un viaje fácil y los grandes líderes no nacen sólo por accidente. Los grandes líderes siempre están contactando y orientando a sus empleados para alcanzar su máximo potencial.

En el siguiente capítulo, me centraré en los errores de comunicación más comunes y cómo evitarlos.

Capítulo Cinco:
Los Errores de Comunicación más Comunes y Cómo Evitarlos

Ya debe saber que la comunicación es el núcleo de todo y de todas las relaciones. Con el fin de desarrollar mejores habilidades de comunicación, también debe ser consciente de los errores más comunes y cómo evitarlos. Piense en las personas que admira, los grandes líderes, oradores y emprendedores; algo que la mayoría de ellos tienen en común es su capacidad para una comunicación eficaz. Hay muchas cosas que puede hacer para asegurarse de que está siendo un comunicador eficaz: asegurarse de escuchar antes de hablar, repetirle a la persona lo que dijeron en sus propias palabras, etc. Pero, ¿cuáles son las cosas que no debería hacer? Hay muchos errores que las personas llegan a cometer en su comunicación que pueden conducir a confusión y frustración.

La comunicación no es un enfoque único. Al hablar con un grupo de personas, algunos comprenderán lo que está diciendo, mientras que otros podrían necesitar más explicaciones. Puede evitar la comunicación errónea con un público más amplio considerando primero a las personas con quien habla y sus estilos de aprendizaje. Haga de su estrategia de comunicación una que atraiga a todos aquellos con los que se está comunicando.

Otro error muy común de la comunicación es la falta de atención a su tono de voz. Es posible que deba ajustar su tono de voz en función de con quién está hablando o de la situación en la que se encuentre. Antes de empezar a hablar, ya sea que esté en un grupo grande o en una conversación uno a uno, respire y calibre su tono.

Las personas a menudo piensan que se están comunicando eficazmente si evitan conversaciones y situaciones problemáticas. Esto no es cierto. Todo el mundo se enfrenta a un conflicto en algún momento en su trabajo. Sin embargo, simplemente evitar el conflicto no hace que desaparezca. Si necesita tener una conversación difícil con alguien, preparase para ello. Haga una lista de comentarios claros y positivos si tiene que hacerlo y siempre trate de terminar en una nota positiva.

Los comunicadores deficientes a menudo reprimen lo que realmente están pensando. Ser un buen comunicador implica decir lo que necesitas de una manera diplomática y aun así ser capaz de entender las necesidades de los demás. Un buen comunicador es capaz de hablar con claridad mientras expone sus peticiones sin arriesgar la relación con la persona con la que está hablando.

Cuando alguien reacciona a una situación en lugar de responder a ella, también demuestra habilidades de comunicación deficientes. Cuando reacciona a una situación, muestra ira, frustración y podría ser impulsivo. Cuando sucede algo y siente la necesidad de reaccionar, respire profundamente y deténgase antes de hacer algo. Primero debe entender los hechos de la situación, no saque conclusiones precipitadas y no haga suposiciones sobre la situación.

Un error muy grande de comunicación es involucrarse en chismes. Es desafortunado, pero sucede. Los chismes pueden arruinar la reputación de la gente y quebrar drásticamente la confianza en las relaciones. Incluso los chismes que no pretenden herir a otros pueden tener consecuencias devastadoras. Como comunicador de confianza y eficaz no debe ceder a los chismes y no debe dar lugar a insinuaciones o especulaciones.

Las personas de mente cerrada pueden cometer algunos errores de comunicación muy grandes. Los entornos de trabajo actuales están cada vez más diversificados. No sea cerrado de mente sobre nadie, mejor abra su mente y su corazón para adoptar la diversidad. Adoptar la diversidad le permite comunicarse con personas que tienen una gama de experiencias y creatividad diversa que, en última instancia, puede ser benéfico.

Mencioné este punto anteriormente; tiene dos orejas y una boca, así que no debería hablar más de lo que escucha. A menos que alguien le haya contratado para dar un discurso, eso es un poco diferente. La gente a menudo piensa que la comunicación es una vía de un solo sentido y únicamente hablan sin escuchar. ¡No sea esa persona! Si realmente quiere entender lo que pasa para poder comunicarse eficazmente, necesita escuchar lo que pasa. Esto fomenta el aprendizaje y muestra empatía con la persona con la que se está comunicando.

Por último, y probablemente uno de los peores errores de la comunicación, es asumir que está siendo entendido. Esto puede causar un efecto dominó de comunicación incorrecta. Cree que le entienden, da a todos el visto bueno para trabajar en lo que necesitan, y entonces todo se viene abajo, pero no puede descubrir por qué. Cometió el error de suponer que todos entendían lo que tenían que hacer. Es necesario comprobar con las personas para asegurarse de que entendieron su mensaje en lugar de asumir que lo entendieron (Daskal, 2014).

Hay muchas maneras en las que usted puede ser malinterpretado y cometer errores de comunicación. Sin embargo, si es consciente de que lo son, puede reconocerlos y trabajar para evitarlos.

Resumen del Capítulo

Con el fin de dominar la habilidad de la comunicación, también debe ser consciente de los posibles errores de comunicación y cómo evitarlos. La comunicación eficaz no es un enfoque único. Estas son algunas de las formas más comunes de comunicación incorrecta:

- Falta de atención a su tono de voz.

- Evitar conflictos en lugar de enfrentarlos.

- No hablar con claridad mientras se hace una solicitud.

- Sacar conclusiones sin tener los hechos primero.

- Involucrarse en chismes.

- Ser de mente cerrada.

- Hablar más que escuchar.

- Pensar que alguien le entiende cuando no lo hace.

El siguiente capítulo se enfocará en consejos y trucos especializados para una comunicación eficaz en el trabajo.

Capítulo Seis:
Consejos y Trucos Especializados para una Comunicación Eficaz en el Trabajo

Ahora que es consciente de todos los errores que puede cometer al comunicarse, ¿cómo puede convertirse en un comunicador experto? Cuando pueda comunicarse eficazmente con los miembros de su equipo y con sus superiores, ayudará a eliminar cualquier malentendido y alentará un ambiente de trabajo saludable y apacible (Belonwu, 2018).

Nos comunicamos todos los días y de muchas maneras. Sin embargo, ser capaz de comunicarse eficazmente en el trabajo requiere cierta delicadeza adicional (Watson, 2019). Tiene que ser capaz de apagar su mente y no pensar en lo que va a decir a continuación, sino escuchar completamente a sus colegas y elegir las palabras y el tono correctos para responder. Las repercusiones de la mala comunicación en el lugar de trabajo pueden ser mucho más graves; la pérdida de motivación de los empleados, la mala productividad y una ruptura general de la comunicación entre los miembros del equipo. Aquí hay nueve consejos y trucos especializados para una comunicación eficaz en el lugar de trabajo.

Primero, debe ser diplomático cuando maneje conflictos. Los conflictos pueden surgir fácilmente cuando las personas trabajan juntas todo el día y trabajan contra las fechas límite. Los conflictos pueden ser el resultado de cosas tontas como que alguien no cambie la tinta de la impresora, o de cosas importantes como robar el crédito del trabajo de otra persona. Incluso los problemas pequeños y menores pueden convertirse en disputas mucho más grandes. Con el fin de evitar que los problemas más pequeños se conviertan en problemas más grandes, gane el control de ellos inmediatamente. Anime a los empleados de su equipo a que acudan a usted y hágales saber que su puerta siempre está abierta. Asegúrese de crear un entorno que sea cómodo y que haga que sus empleados se sientan seguros, garantizando la confidencialidad. Ser diplomático sobre el conflicto significa mantener una mente abierta y no ser prejuicioso. No está atacando a la gente o culpando a nadie, sino haciendo preguntas para llegar al fondo de las cosas. Debe ser capaz de encontrar una solución que sea aceptable para todos.

Hay demasiadas conversaciones que tienen lugar en las empresas que son el resultado de correos electrónicos u otras tecnologías. Los correos electrónicos y los mensajes instantáneos son enviados a los colegas que están sentados justo al lado de usted, separados por un simple muro de cubículo. No olvide el arte de la simple conversación. Deje de confiar tanto en su ordenador y resucite el arte de la conversación. Si bien la tecnología que utilizamos puede ser muy beneficiosa para acelerar las comunicaciones, estas pueden perder su verdadero efecto comunicativo. También pierde las señales no verbales de la comunicación, como el tono y el lenguaje corporal. La mala comunicación puede aumentar aún más cuando el emisor o el receptor del mensaje no se toma su tiempo o no es articulado.

Los comunicadores eficaces son capaces de respetar las diferencias culturales cuando se comunican con otras personas en el lugar de trabajo. Las señales de manos simples o gestos que son inofensivos para algunas culturas podrían ser extremadamente ofensivos para otras. Muchas empresas contratan empleados que vienen de diferentes culturas para trabajar directamente en sus oficinas o virtualmente. Como resultado, los miembros del equipo y los directivos deben ser conscientes de las sensibilidades culturales. Estas pueden ser diferencias sutiles, como palabras y gestos, o diferencias muy flagrantes. La propia empresa necesita crear un entorno propicio para la inclusividad cultural. Esto puede incluir cosas como ofrecer tipos específicos de alimentos en la cafetería, permitir días libres para ciertas festividades religiosas y proporcionar capacitación a otros empleados para ser culturalmente sensibles.

Aquellos individuos que son comunicadores eficaces son capaces de proporcionar buenos comentarios a sus empleados y miembros del equipo. Ya sea usted un líder o un colega, es importante hacerle saber a sus compañeros que lo están haciendo bien. Aumenta la motivación cuando se reconocen los esfuerzos de un empleado. Celebrar reuniones periódicas es una excelente manera de proporcionar a los empleados retroalimentación, pero no es necesario guardar sus opiniones y estímulos solo para las reuniones. Puede enviarles un correo electrónico rápido, un mensaje de texto o llamarles para obtener un informe de estado y proporcionar sus opiniones. Asegúrese de que sus opiniones sean claras y concisas y que ofrezcan una solución a cualquier dificultad con la que puedan estar luchando (Watson, 2019).

¡Necesita confiar en su gente! Ser un micro gerente no es divertido para nadie. Cuando micro gestiona a sus empleados, pierden motivación porque sienten que no pueden hacer nada bien cuando está constantemente sobre ellos. Como líder, contrató empleados competentes que deberían ser capaces de hacer su propio trabajo. Como comunicador eficaz, debe poder comunicar a sus empleados lo que necesitan hacer y simplemente verificar periódicamente para asegurarse de que no necesitan su ayuda.

Las empresas que se basan en la confianza realmente escuchan a sus empleados. Cuando hay comunicación con los empleados y tienen sentido de pertenencia tendrán una mayor participación emocional en la empresa. La transparencia es una parte crítica para que los empleados tomen sentido de pertenencia con la empresa y sus proyectos. Hay muy pocas empresas que realmente practican la transparencia y revelan cosas como sus costos y beneficios. Cuando los empleados realmente sienten que son parte de la empresa y que son en parte propietarios, están más comprometidos y producen más resultados.

Los líderes y empleados que pueden comunicarse eficazmente son capaces de sacar sus emociones de la ecuación al comunicarse. Puede ser difícil comunicarse profesionalmente en el lugar de trabajo cuando hay personalidades contrarias con las que trabaja. Es desafortunado, pero sucede; una discusión en el trabajo puede convertirse rápidamente en un ataque personal. Antes de empeorar una situación reaccionando a ella, deténgase, tome un respiro y cuente hasta diez si lo necesita, luego responda con calma sin ser emocional al respecto. No tome como personal las reacciones de otras personas. Use sus enunciados con "Yo" y no culpe a los demás, más bien deles sugerencias. Asegúrese de que la persona con la que se está comunicando está entendiendo lo que les está diciendo y no están interpretando algo de manera incorrecta. Pídales aclaraciones u opiniones sobre lo que hablaron juntos.

Los grandes comunicadores se aseguran de escuchar completamente cuando están en una conversación en lugar de simplemente escuchar lo que la otra persona está diciendo. Nos sucede a todos y eso está bien. Está hablando con alguien y sin darte cuenta, han tenido toda una conversación con usted y no tiene idea de lo que habló. Como un comunicador eficaz, asegúrese de realmente estar escuchando lo que la persona está diciendo. En realidad escuchar a alguien es mucho más difícil de lo que parece. Si usted está teniendo dificultades para escuchar eficazmente en una conversación, finja que se le hará la prueba de lo que se dijo. Haga una lista en su cabeza que se centre en los puntos importantes de la conversación y una vez finalizada la conversación recuerde esos puntos. También puede reiterar con sus propias palabras lo que dijo la persona para asegurarse de que ha escuchado con precisión lo que han dicho.

Por último, asegúrese de que su entorno de trabajo ¡sea divertido! (Watson, 2019). Puede sonar un poco raro hablar de diversión cuando se habla de comunicación, sin embargo, las dos están interconectadas. Cuando las empresas les dan a los empleados la oportunidad de divertirse, les están comunicando que aprecian su arduo trabajo y esfuerzos.

Resumen del Capítulo

Una vez que sea consciente de las diversas maneras en las que puede comunicarse de manera ineficaz con alguien en el lugar de trabajo, será el momento de centrarse en todas las formas en las que puede comunicarse eficazmente con las personas.

- Apague su mente y concéntrese en la conversación en cuestión.

- Sea diplomático cuando maneje un conflicto.

- Minimizar el uso de la tecnología en las conversaciones.

- Respetar las diferencias culturales.

- Proporcionar comentarios buenos y positivos a los empleados y colegas.

- Confiar en su gente.

- Sacar lo emocional de la ecuación en la comunicación.

- Usar sus enunciados con "Yo".

- ¡Asegurarse de que todos se diviertan!

Finalmente, en el capítulo extra discutiremos cómo convertirse en un experto en oratoria y por qué necesita esta habilidad para ser eficaz en el lugar de trabajo.

Capítulo Extra:
Cómo Convertirse en un Experto en Oratoria

Es posible que se pregunte por qué un libro sobre comunicación eficaz en el lugar de trabajo tendría un capítulo sobre cómo convertirse en un experto en oratoria. Incluso si usted no es un "orador público", hablar en público es una habilidad que cualquiera puede dominar. Muchas, muchas personas tienen miedo de hablar en público y, por lo tanto, no son muy buenas en ello. Realmente no importa si usted está hablando con un grupo de inversores o simplemente una habitación llena de sus colegas, dominar la oratoria puede ser una gran clave para el éxito. Aprender a dar una buena presentación es una habilidad que se puede entrenar y que cualquiera puede aprender. Con eso en mente, veamos cómo convertirse en un experto en oratoria, incluso si pensar en ello ahora le hace querer vomitar.

El primer paso es no ser demasiado técnico. Realmente tiene que considerar al público con el que está hablando. Si bien es posible que sea un experto en mecánica cuántica, es posible que su audiencia no sea tan versada en todos los matices técnicos. Su discurso o conversación debe partir de donde está [el conocimiento de] su audiencia (Kapla, 2016), no de donde está [el conocimiento de] usted. Si está dando un discurso o teniendo una conversación, considérelo como un viaje. ¿De dónde parte su público? ¿Cómo llegaron allí? ¿A dónde quiere llevarlos? ¿Y cómo va a llegar allí?

Un factor clave para una gran presentación es alegrar el día de alguien o dejarles algo. Debería ser capaz de darle a su audiencia algo que puedan llevarse de la conversación o el discurso. Puede ser algún consejo práctico o un sentimiento o confianza. Antes de comenzar su discurso o conversación, piense maneras en las que puede mejorar el día de su audiencia y empiece a partir de ahí.

Algo que la gente subestima en gran medida es la importancia de la práctica cuando habla en público. Una vez que descubra lo que quiere decir, tiene que averiguar cómo lo va a decir. Hay tres formas principales de ejecutar un discurso; puede escribir y leer un guion, resumir sus ideas principales en viñetas o memorizar todo el asunto. Si bien leer desde un guion puede ser muy eficaz para entregar su mensaje, no es tan bueno para su audiencia. La gente puede saber cuándo está leyendo un guion y rápidamente se desinteresa. Su mejor opción es memorizar todo su discurso. Si practica mucho, debería ser capaz de memorizar su discurso con solo tener que mirar ocasionalmente sus notas y así, emitir un discurso que mantenga a su audiencia comprometida mientras usted conserva el ritmo del mensaje.

Sea muy consciente de su lenguaje corporal. Cuando las personas comienzan a hablar en público, muy a menudo no son conscientes de qué hacer con sus cuerpos, lo que puede conducir a movimientos innecesarios e inquietos del cuerpo. Aprender la habilidad de hablar en público es como dar pequeños pasos para trabajar hacia ser en un profesional. Cuando hable, debe estar de pie y simplemente usar sus gestos de la mano para enfatizar sus puntos en lugar de cambiar su peso de lado a lado o balanceándose. También debe asegurarse de eliminar muletillas; "como", "*mmm*" y "ya saben", son algunos de los más utilizados.

Para una excelente oratoria, menos es más. Mientras que el uso de diapositivas u otros multimedios pueden ayudarle a entregar su mensaje o explicar temas más complejos, sus diapositivas no deben utilizarse como un sustituto de sus notas con viñetas. Además, no lea de sus diapositivas ni coloque la misma información que está diciendo en ellas, es redundante y su audiencia puede leer.

Los grandes oradores públicos siempre están perfeccionando su arte y reciben comentarios y críticas constructivas (Kaplan, 2016). Mientras practica su discurso, pídales opiniones a sus amigos o familiares. Podría sorprenderse con lo que aprenda. También puede filmarse a sí mismo para estudiar su lenguaje corporal, tono de voz y cadencia al hablar.

Con cualquier discurso, no sólo debe dar a su audiencia algo, sino también dar a sus oyentes una razón para interesarse. Su discurso o conversación no debe ser todo sobre usted, sino más bien el discurso debe ser considerado como una conversación bidireccional. ¿Lo que estás diciendo es algo que le gustaría oír hablar? Si está teniendo esta conversación o proponiéndole algo a alguien, no haga una venta agresiva. Si lo que está vendiendo es de valor para la persona, naturalmente querrá comprarle.

Cada uno de nosotros tiene dos voces diferentes; nuestra mejor voz que es nuestra voz más confidente, y nuestra voz insegura. Nuestra voz insegura tiende a salir cuando estamos hablando de cosas de las que no estamos muy seguros o confiados. Estas pueden ser cosas de las que tenemos poco conocimiento o en las que no estamos seguros de tener la respuesta. Su mejor voz es su voz más segura. Puede ser donde encuentre humor en las cosas o cuando esté hablando de un tema que le apasiona y del cual es conocedor. Con su mejor voz se ilumina y podría hablar eternamente sobre un tema.

También debe tener en cuenta su estilo de hablar al conversar con los demás (Lear, 2019). Las habilidades de oratoria que aprendas se pueden usar en un entorno grupal, como una presentación grande, o en entornos pequeños e íntimos como una llamada de ventas uno a uno.

Puede mantenerse fiel a su estilo de hablar, que podría ser tranquilo y sosegado o emocionado y lleno de energía, o puede coincidir con el estilo de hablar de la otra persona. Algunas personas se abruman cuando están hablando con alguien por teléfono y hablan muy rápido y están llenos de energía, mientras que otras personas pueden llegar a ese nivel e igualar su emoción. Esta es una de esas situaciones en las que realmente tiene que leer a su audiencia y determinar qué acción dará los mejores resultados.

Si hablar en público es una habilidad que realmente quiere dominar, entonces necesita practicar y trabajar en ello. El primer gran paso es practicar; practicar frente al espejo, frente a una cámara o frente a un público pequeño. Practicar, practicar, practicar. Tony Robbins es Tony Robbins por una razón. Incluso puede contratar a un entrenador de habla si es necesario (Lear, 2016). Sólo va a ser mejor hablando en público con la práctica y las opiniones que le aporten los demás.

Resumen del Capítulo

Hablar en público es una habilidad que muchos deberían dominar, pero muy pocos lo hacen. Si bien puede tomar una vida para realmente dominar todo lo que necesita para convertirse en un gran orador público, sin duda hay cosas en las que puede trabajar ahora para mejorar sus habilidades de oratoria.

- No sea demasiado técnico con frases de nicho que solo otros expertos entenderán.

- Asegúrese de dejar a su audiencia con algo que alegrará su día.

- ¡Practicar, practicar, practicar!

- Sea muy consciente de su lenguaje corporal.

- Menos es más, no confíe en multimedia para hacer llegar su mensaje.

- Reciba las críticas constructivas y comentarios.

- Dé a su audiencia una razón para interesarse.

- Use su voz segura.

- Esté dispuesto a ajustar su estilo de hablar en público en función de su audiencia.

Hablar en público es un arte y una habilidad que hay que perfeccionar. Si realmente quiere convertirse en un gran orador público, necesita practicar tanto como pueda y delante de quien pueda.

Últimas Palabras

Aprender a comunicarse eficazmente en el lugar de trabajo puede ser algo complicado, pero si se hace bien puede ser increíblemente poderoso. La comunicación eficaz en el lugar de trabajo se lleva a cabo a través de comunicaciones interpersonales que luego se desglosan en comunicaciones verbales y no verbales. Con el fin de ser realmente un comunicador eficaz, es necesario ser consciente de las diferencias en los estilos de comunicación individuales y las posibles barreras de la comunicación eficaz.

Las barreras de una comunicación eficaz pueden incluir cualquier cosa, desde interrupciones, inatención al escuchar, una mala interpretación del lenguaje corporal, diferencia de género, sacar conclusiones precipitadas y reacciones prematuras hacia los demás. Nuestros cerebros responden de manera diferente a diferentes estímulos al mismo tiempo que procesamos diferentes emociones. Cuando un empleado está experimentando estrés en el lugar de trabajo, su cerebro no puede saber si el estrés (amenaza) es real o percibida. Causando una reacción en la corteza pre frontal que ralentiza la productividad, el procesamiento y el razonamiento, lo que hace que sea muy difícil trabajar.

La comunicación eficaz en el lugar de trabajo ayuda a crear un ambiente de trabajo saludable, elimina las barreras culturales, aumenta los beneficios finales, disminuye los conflictos, aumenta el compromiso y la productividad de los empleados, fomenta el trabajo en equipo, promueve la innovación, aumenta la retención de empleados y aumenta la satisfacción general del cliente.

Existen muchos obstáculos para una comunicación eficaz en el lugar de trabajo. Estos pueden incluir, pero no se limitan a, barreras de género y/o culturales, tono y lenguaje corporal, emociones tomando control, ruido externo e interno y así sucesivamente. También es muy importante que mantenga una mentalidad positiva mientras está en el lugar de trabajo. La positividad en el lugar de trabajo se ha ligado con todos los aspectos medibles del éxito, que incluyen: los beneficios, la productividad y la satisfacción. Tanto los empleados como los empleadores pueden beneficiarse de la positividad en el lugar de trabajo.

Una buena y eficaz comunicación también tiene el poder de transformar verdaderamente un lugar de trabajo. Una comunicación eficaz puede dar lugar a la mitigación de conflictos, el aumento de la participación de los empleados, la creación de mejores relaciones con los clientes y una fuerza de trabajo más productiva y talentosa. Tenga en cuenta que alrededor del 70% de los errores en las empresas se deben a la falta de comunicación eficaz (Allen, 2019).

Desarrollar un estilo de comunicación que incluya comunicación persuasiva realmente puede llevar a sus habilidades de comunicación al siguiente nivel. Su lenguaje corporal verbal y no verbal, así como sus expresiones faciales, pueden desempeñar un papel muy importante en lo persuasivo e influyente que usted es en el lugar de trabajo. Aprender técnicas de comunicación persuasiva puede beneficiarle, al persuadir a de cambiar para mejor a sus compañeros de trabajo y a su empresa. Debe asegurarse de enviar el mensaje correcto a su audiencia con su comunicación verbal y no verbal. Si bien es posible que experimente maneras formales e informales de comunicación en el trabajo, es beneficioso atenerse a las más formales de comunicación en el lugar de trabajo.

También hay muchas maneras diferentes de usar su lenguaje corporal para comunicarse con sus compañeros de trabajo; hacer contacto visual, su postura, dónde y cómo coloca los brazos mientras habla o escucha, son todas formas de comunicación no verbal con sus colegas. Asegúrese de mantener contacto visual mientras habla con las personas, mantener su postura erguida y no cruzar los brazos frente a usted mientras habla con alguien. Hágales saber a los demás que también es consciente de su lenguaje corporal y trate de alentarlos a usar la comunicación no verbal positiva.

La comunicación no verbal también incluye expresiones faciales. Si su rostro siempre está tenso, la gente lo percibirá como desagradable. Si sus expresiones faciales son siempre agradables y suaves, será percibido como alguien mucho más agradable.

Algunas de las claves para convertirse en un mejor oyente en el trabajo son:

- Reiterar a la persona lo que dijeron en sus propias palabras.

- Escuchar verdaderamente lo que alguien más está diciendo en lugar de tratar de pensar en qué decir a continuación.

- Escuchar como si tuviera que recordar la información más adelante.

- Mantener contacto visual con la persona con la que se habla.

- Reducir todas las distracciones y ruidos tanto como sea posible.

- Prepararse para escuchar.

- Ser conscientes de la diversidad en el lugar de trabajo.

Ser un comunicador eficaz también significa que puede ser persuasivo cuando necesite serlo. Ser persuasivo y tener una influencia en el lugar de trabajo significa ser agradable, tener aprobación social, ser consistente, practicar la escasez, tener autoridad y practicar la reciprocidad.

Además, los comunicadores eficaces en el lugar de trabajo también son capaces de dar y recibir críticas positivas. No deje que las personas que le den comentarios obstaculicen su autoestima o descarrilen su trabajo. La crítica constructiva está destinada a ayudarle a crecer y a convertirse en un mejor empleado. También debe aprender a tener autocrítica.

Es inevitable enfrentarse a situaciones difíciles o personas problemáticas en el lugar de trabajo. La forma en que lo maneje es lo que marca la diferencia. No vaya corriendo a su jefe o recursos humanos de inmediato, trate de manejar a la persona o situación por su cuenta de una manera diplomática primero. Si sus tácticas no tienen éxito, entonces involucre a sus superiores. Esto es válido tanto para compañeros de trabajo como para jefes difíciles. Asegúrese de que está animando a los compañeros de trabajo a utilizar habilidades de comunicación eficaces también.

Ser un líder eficaz se trata de tener carisma y perfeccionar sus habilidades como un comunicador eficaz. Los líderes eficaces y carismáticos son capaces de construir una conexión con su audiencia, ser dignos de confianza, mostrar humildad y vulnerabilidad, exudar confianza y mantener un delicado equilibrio entre ser demasiado serio y ser demasiado despreocupado y casual. Para convertirte en un experto en la comunicación, también debe usar su voz distintiva e irradiar confianza. Los líderes efectivos también son excelentes en el establecimiento de metas y son capaces de incorporar a su equipo usando las metas S.M.A.R.T.

Algunos de los errores de comunicación más comunes que pueden poner en peligro todas las tácticas eficaces que ha construido son: no prestar atención a sus propias señales no verbales, evitar conflictos, sacar conclusiones precipitadas, ser demasiado cerrado de mente y hablar más de lo que se escucha.

Una vez que sea consciente de las tácticas que hacen ineficaz a la comunicación, es hora de empezar a aprovechar las estrategias que lo convertirán en un comunicador eficaz. Los comunicadores eficaces son diplomáticos, respetan las diferencias culturales, confían en su gente, usan enunciados con "yo" y proporcionan comentarios positivos a sus colegas y empleados.

Por último, dominar la habilidad de hablar en público puede ser muy benéfico para su carrera. Muchas personas evitan hablar en público por miedo. Estas son algunas tácticas que puedes usar para dominar la habilidad de oratoria:

- Deje fuera la jerga técnica.

- Bríndele algo a su audiencia para alegrar su día.

- ¡Practique!

- Tenga en cuenta su lenguaje corporal.

- No confíe demasiado en recursos multimedia.

- Dé a su audiencia una razón para interesarse.

- Use su voz segura.

Con todas estas tácticas a su disposición, ¡seguro se convertirá en un experto de la comunicación eficaz en el lugar de trabajo en muy poco tiempo!

Recursos

Adams, J. (2019). *5 maneras de convertirse en un experto comunicador – Tap Inspect*. [En línea]. Disponible en: https://www.tapinspect.com/5-ways-to-become-a-master-communicator/ [Consultado el 23 de junio de 2019]

Allan, L. (2019). *Costos de comunicación deficiente en el lugar de trabajo*. [En línea] Businessperform.com. Disponible en: http://www.businessperform.com/workplace-communication/poor-communication-costs.html [Consultado el 23 de junio de 2019].

Belonwu, V. (2018). *20 maneras de comunicarse eficazmente con su equipo - Tendencias de pequeñas empresas*. [En línea] Tendencias de la Pequeña Empresa. Disponible en: https://smallbiztrends.com/2013/11/20-ways-to-communicate-effectively-in-the-workplace.html [Consultado el 24 de junio de 2019].

Bosworth, P. (2019, 13 de febrero). *El poder de la buena comunicación en el lugar de trabajo Elección de Liderazgo*. Consultado el 10 de junio de 2019, de https://leadershipchoice.com/power-good-communication-workplace/

Chadwick, P. (2014). *Cómo responde el cerebro a la retroalimentación- IEDP*. [En línea] Iedp.com. Disponible en: https://www.iedp.com/articles/how-the-brain-responds-to-feedback/ [Consultado el 24 de junio de 2019].

Cooley, A. (2019). *10 maneras en que los empleados pueden ser más proactivos en el trabajo.* [En línea] *Trabaje todos los días.* Disponible en: https://www.workitdaily.com/be-more-proactive-work [Consultado el 23 de junio de 2019].

Dabbah, M. (2018, 17 de mayo). *3 Ejemplos de diferencias culturales en el lugar de trabajo.* Consultado el 9 de junio de 2019, de https://redshoemovement.com/examples-of-cultural-differences-in-the-workplace/

Daskal, L. (2014). *Errores de comunicación a evitar a toda costa.* [En línea] Inc.com. Disponible en: https://www.inc.com/lolly-daskal/common-communication-mistakes-to-avoid.html [Consultado el 24 de junio de 2019].

Daskal, L. (2019). *7 maneras de ser un líder más eficaz - Lolly Daskal Liderazgo.* [En línea] Lolly Daskal. Disponible en: https://www.lollydaskal.com/leadership/7-ways-to-be-a-more-effective-leader/ [Consultado el 23 de junio de 2019].

Daum, K. (2019). *Cómo dar (y recibir) críticas positivas.* [En línea] Inc.com. Disponible en: https://www.inc.com/kevin-daum/how-to-give-and-receive-positive-criticism.html [Consultado el 24 de junio de 2019].

Dean, J. (2010). *Cómo influir en las personas - PsyBlog.* [En línea] PsyBlog. Disponible en: https://www.spring.org.uk/2010/07/3-universal-goals-to-influence-people.php [Consultado el 26 de junio de 2019].

Dean, J. (2019). *20 pasos simples para el mensaje persuasivo perfecto - PsyBlog*. [En línea] PsyBlog. Disponible en: https://www.spring.org.uk/2010/12/20-simple-steps-to-the-perfect-persuasive-message.php [Consultado el 25 de junio de 2019].

Edberg, H. (2019). *Cómo convertirse en un mejor oyente: 10 consejos simples.* [en línea] Positivityblog.com. Disponible en: https://www.positivityblog.com/better-listener/ [Consultado el 25 de junio de 2019].

Effectivecommunicationadvice.com. (2019). *Obstáculos de la Comunicación Efectiva.* [En línea] Disponible en: http://effectivecommunicationadvice.com/barriers [Consultado el 22 de junio de 2019].

Frost, S. (2019). *Cómo se utiliza el lenguaje corporal en el lugar de trabajo.* [En línea] Smallbusiness.chron.com. Disponible en: https://smallbusiness.chron.com/body-language-used-workplace-11773.html [Consultado el 25 de junio de 2019].

Galek, C. (2019). *Cómo protegerse de las personas que malgastan su tiempo.* [En línea] Inc.com. Disponible en: https://www.inc.com/candice-galek/how-to-manage-your-time-stop-others-from-wasting-it.html [Consultado el 23 de junio de 2019].

Grace, B. (2018). *Cómo hacer preguntas que obtienen resultados: 5 consejos en tendencia para incrementar en 1,000x sus resultados.* [En línea] Notable - El Blog del Diario. Disponible en: https://blog.usejournal.com/5-ways-to-ask-betterquestions-thatll-have-you-solving-problems-smarter-and-faster-af872398fc28?gi=87a0f12c5f2c [Consultado el 26 de junio de 2019].

Giang, V. (2012). *17 consejos para convertirse en un líder carismático*. [En línea] Business Insider. Disponible en: https://www.businessinsider.com/17-things-you-need-to-know-if-you-want-to-be-a-charismatic-leader-2012-1#make-people-feel-like-theyre-the-most-intelligent-impressive-and-fascinating-person-in-the-room-2 [Consultado el 23 de junio de 2019].

Giang, V. (2019). *17 consejos para convertirse en un líder carismático*. [En línea] Business Insider. Disponible en: https://www.businessinsider.com/17-things-you-need-to-know-if-you-want-to-be-a-charismatic-leader-2012-1 [Consultado el 23 de junio de 2019].

Gottfried, S. (2018). *https://time.com*. [En línea] *Time*. Disponible en: https://time.com/5321644/body-language-mistakes-work-experts/ [Consultado el 25 de junio de 2019].

Heathfield, S. (2019). *Tratar con personas difíciles es una necesidad para el éxito de su carrera*. [En línea] *Las Carreras de Equilibrio*. Disponible en: https://www.thebalancecareers.com/how-to-deal-with-difficult-people-at-work-1919377 [Consultado el 26 de junio de 2019].

Heathfield, S. (2019). *Usa estas ideas para saber cómo lidiar con tu jefe difícil*. [En línea] *Las Carreras de Equilibrio*. Disponible en: https://www.thebalancecareers.com/how-to-deal-with-difficult-bosses-1917887 [Consultado el 23 de junio de 2019].

Jenkins, P. (2018). *Cómo puede ayudarte entender el lenguaje corporal.* [Vídeo] Disponible en: https://www.youtube.com/watch?v=9aWFOK46eqA [Consultado el 28 de junio de 2019].

Jenkins, Dr. P. (2018). *Importancia de la positividad en el lugar de trabajo* [YouTube]. Consultado el 9 de junio de 2019, Disponible en: https://www.youtube.com/watch?v=AbzJNSIJPbk [Consultado el 9 de junio de 2019].

Kaplan, E. (2016). *Cómo convertirse en un experto en hablar en público, de acuerdo con el tipo que dirige las charlas TED.* [En línea] *Medium.* Disponible en: https://medium.com/the-mission/how-to-become-a-master-at-public-speaking-according-to-the-guy-who-runs-ted-talks-d65433eb057d [Consultado el 24 de junio de 2019].

Lear, K. (2019). *Cómo convertirse en un experto en la charla pública.* [En línea] Vunela. Disponible en: https://vunela.com/how-to-become-a-master-at-public-speaking/ [Consultado el 24 de junio de 2019].

Miglani, B., Ivankovich, M., James, R. y Rodarte, C. (2019). *3 consejos sobre cómo lidiar con situaciones de trabajo difíciles.* [En línea] Abraza el caos. Disponible en: https://www.embracethechaos.com/2013/11/3-tips-on-how-to-deal-with-difficult-work-situations/ [Consultado el 23 de junio de 2019].

Moawad, H. (2017). *Cómo el cerebro procesa las emociones.* [En línea] Tiempos de Neurología.

Disponible en:
https://www.neurologytimes.com/blog/how-brain-processes-emotions [Consultado el 28 de junio de 2019].

Mugavin, B. (2019). *4 Consejos de liderazgo para inspirar una visión compartida.* [En línea] Flashpointleadership.com. Disponible en: https://www.flashpointleadership.com/blog/leadership-tips-inspire-a-shared-vision [Consultado el 23 de junio de 2019].

Page, M. (2019). *La importancia de una buena comunicación en el lugar de trabajo Michael Page UK.* [En línea] Michael Page. Disponible en: https://www.michaelpage.co.uk/advice/management-advice/development-and-retention/importance-good-communication-workplace [Consultado el 25 de junio de 2019].

Peck, D. (2017). *5 Consejos para establecer metas de liderazgo para que 2018 sea un éxito.* [En línea] Huffpost.com. Disponible en: https://www.huffpost.com/entry/5-leadership-goal-setting-tips-for-making-2018-a-success_b_5a26c653e4b0f7f1679a0368 [Consultado el 23 de junio de 2019].

Petersen, L. (2019). *La importancia de las buenas habilidades de escritura en el lugar de trabajo.* [En línea] Smallbusiness.chron.com. Disponible en: https://smallbusiness.chron.com/importance-good-writing-skills-workplace-10931.html [Consultado el 26 de junio de 2019].

Redmond, R. (2018). *Cómo informar el estado de un proyecto.* [En línea] *Project Smart.* Disponible en:

https://www.projectsmart.co.uk/how-to-report-status-on-a-project.php [Consultado el 26 de junio de 2019].

Richason IV, O. (2017). *¿Qué es la comunicación eficaz en el lugar de trabajo?* [En línea] Smallbusiness.chron.com. Disponible en: https://smallbusiness.chron.com/effective-workplace-communication-822.html [Consultado el 25 de junio de 2019].

Rosenberg McKay, D. (2018). *Por qué debe identificar sus valores de trabajo si desea satisfacción laboral.* [En línea] *The Balance Careers.* Disponible en: https://www.thebalancecareers.com/identifying-your-work-values-526174 [Consultado el 23 de junio de 2019].

Russell, M. (2015). *Cómo tus expresiones faciales en el trabajo podrían estar perjudicando tu carrera.* [En línea] *Business Insider.* Disponible en: https://www.businessinsider.com/your-facial-expressions-at-work-could-be-hurting-your-career-2015-4?international=true&r=US&IR=T [Consultado el 25 de junio de 2019].

S, S. (2018). *Diferencia entre comunicación verbal y no verbal (con gráfico de comparación) – Key Differences.* [En línea] *Key Differences.* Disponible en: https://keydifferences.com/difference-between-verbal-and-non-verbal-communication.html [Consultado el 25 de junio de 2019].

Scivicque, C. (2010). *Cómo encontrar tu voz en el trabajo.* [En línea] Forbes.com. Disponible en: https://www.forbes.com/sites/work-in-progress/2010/11/08/how-to-find-your-voice-at-work/#7f41541430ba [Consultado el 23 de junio de 2019].

Scivicque, C. (2018). *Cómo ser Proactivo en el Trabajo: Un Sistema de Cinco Pasos*. [En línea] *Eat Out Your Career*. Disponible en: https://eatyourcareer.com/2010/08/how-be-proactive-at-work-step-system/ [Consultado el 25 de junio de 2019].

Stachowiak, D. (2019). *6 hábitos para evitar que la gente pierda su tiempo*. [En línea] *Coaching for Leaders*. Disponible en: https://coachingforleaders.com/6-habits-to-keep-people-from-wasting-your-time/ [Consultado el 23 de junio de 2019].

Desconocido (2015). *5 maneras de convertirse en un líder carismático*. [En línea] Hacer mejor contratación - El blog de *Recruitloop*. Disponible en: https://recruitloop.com/blog/5-ways-to-become-a-charismatic-leader/ [Consultado el 23 de junio de 2019].

Desconocido (2018). *Un modelo de fijación efectiva de metas para los líderes*. [En línea] 3x5 *Leadership*. Disponible en: https://3x5leadership.com/2018/07/05/a-model-of-effective-goal-setting-for-leaders/ [Consultado el 23 de junio de 2019].

Desconocido (2019). *6 Signos de Habilidades de Comunicación Deficientes*. [En línea] *Kandidata Asia*. Disponible en: https://kandidataasia.com/6-signs-of-poor-communication-skills-and-how-to-improve-them/ [Consultado el 18 de junio de 2019].

Warner, J. (2019). *La brecha de liderazgo de las mujeres - Centro para el progreso americano*. [En línea] Centro para el Progreso Americano. Disponible en:
https://www.americanprogress.org/issues/women/reports/2017/05/21/432758/womens-leadership-gap/ [Consultado el 23 de junio de 2019].

Watson, S. (2019). *10 consejos para una comunicación eficaz en el lugar de trabajo*. [En línea] Howstuffworks. Disponible en:
https://money.howstuffworks.com/business/starting-a-job/10-tips-for-effective-workplace-communication.htm [Consultado el 24 de junio de 2019].

Webb, C. (2017). *¿Cuáles son las dos formas de comunicación en el lugar de trabajo?* [En línea] Smallbusiness.chron.com. Disponible en:
https://smallbusiness.chron.com/two-ways-communication-workplace-10768.html [Consultado el 25 de junio de 2019].

Whalen, D. (2018). *13 Poderosas acciones que los grandes líderes toman para construir grandes equipos - Medium*. [En línea] Medium. Disponible en:
https://medium.com/swlh/13-powerful-actions-great-leaders-take-to-build-great-teams-5990c052059f [Consultado el 23 de junio de 2019].

Zambas, J. (2019). *La importancia de una comunicación eficaz en el lugar de trabajo*. [En línea] Careeraddict.com. Disponible en:
https://www.careeraddict.com/the-importance-of-effective-communication-in-the-workplace [Consultado el 25 de junio de 2019].

Zenbooth (2019). *Resuelto: Cómo detener a compañeros de trabajo fuertes y disruptivos.* [En línea] *Zenbooth.* Disponible en: https://zenbooth.net/blogs/zenbooth-blog/9-tips-for-dealing-with-loud-disruptive-coworkers [Consultado el 25 de junio de 2019].